もくじ

小学6年　漢字

さくいん

・音読みの五十音順です。
・訓読みだけの漢字や音読みを小学校で習わない漢字は、訓読みをのせています。

1 五年生の復習

名前　　　点

月　日　時　分～　時　分

1 ――の漢字の読みがなを書きましょう。（一つ2点）

① 料理の 素材 をそろえる。（　　）

② 川の水の 勢 いが増す。（　　）

③ 額 のあせをふく。（　　）

④ 武士 のいた時代。（　　）

⑤ パーティーに 招待 する。（　　）

⑥ 効率 よく作業を行う。（　　）

⑦ 鉄棒《てつぼう》で 逆上 がりをする。（　　）

⑧ 議論《ぎろん》の場を 設 ける。（　　）

⑨ 交通量を 規制 する。（　　）

⑩ 友人のさそいを 断 る。（　　）

⑪ 一人《ひとり》で 留守番 をする。（　　）

⑫ 肥 えた土で野菜を育てる。（　　）

⑬ 貧 しさと 豊 かさ。（　　）（　　）

⑭ 貿易 会社を 営 む。（　　）（　　）

⑮ 新製品 の 価格 を調べる。（　　）（　　）

漢字を知っトク! 小学校六年間で習う漢字は1,026字。六年生はその総まとめ。191字を新しく習うよ。

2 漢字を書きましょう。（〰〰は、漢字と送りがなで書きましょう。）（一つ4点）

❶ 木造の《こうしゃ》。

❷ 《しつもん》をする。

❸ 人口が《げんしょう》する。

❹ 《じっさい》の大きさ。

❺ 石油を《ねんりょう》とする。

❻ 《はつゆめ》を見る。

❼ 話を《りかい》する。

❽ やわらかな《ぬの》。

❾ 《じゅんけっしょう》に進む。

❿ 《つね》に気を配る。

⓫ 休日を《すごす》。

⓬ 答えを《たしかめる》。

⓭ 《こころよい》音楽。

⓮ 色を《まぜる》。

3 〈例〉のように、上の漢字を二つずつ組み合わせて漢字を四つ作りましょう。（一つ2点）

〈例〉 山・石→岩

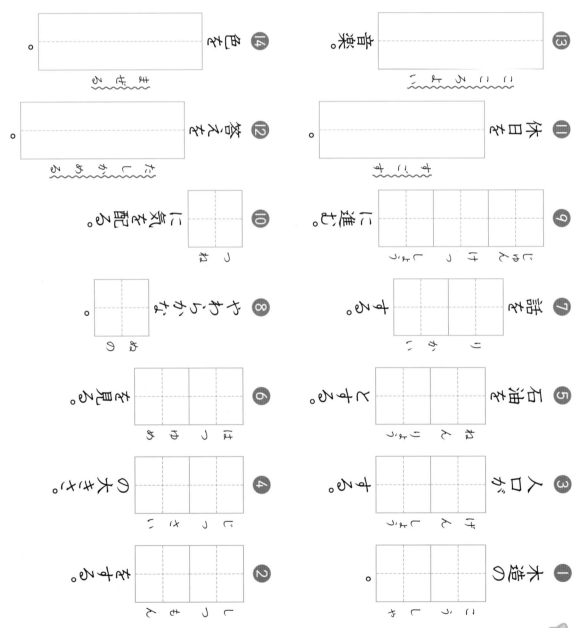

2 届・割・補・洗・捨

月　日　時　分～　時　分

名前　　点

筆順 1 2 3 4 5　（まちがえやすいところ）…

届（8画）

つき出す　はらう

読み方 訓 とどける　とどく

言葉 届《とど》け出《で》　荷《に》物《もつ》を届《とど》ける　手《て》紙《がみ》が届《とど》く

ポイント 「欠席届《けっせきとどけ》」「転《てん》入届《にゅうとどけ》」など、申し出の書類では送りがなを省くことがあります。

届　しかばね　かばね

筆順：⼫ 尸 尸 尸 屆 届 届 届

割（12画）

長く　はねる　つき出さない

読み方 音 （カツ）　訓 わる　わり　われる　（さく）

言葉 割《わ》り当《あ》て　役《やく》割《わり》　割《わり》合《あい》　皿《さら》が割《わ》れる

ポイント 「割」には十分の一の意味があります。「三割《さんわり》」というと全体の十分の三を表します。

割　りっとう

筆順：丶 宀 宀 中 宇 宝 宝 害 害 害 割 割

補（12画）

わすれずに　折る　はねる　止める

読み方 音 ホ　訓 おぎなう

言葉 補《ほ》欠《けつ》　補《ほ》助《じょ》　補《ほ》足《そく》　立《りっ》候《こう》補《ほ》　説《せつ》明《めい》を補《おぎな》う

注意 へんの「ネ」を「ネ」と書かないようにしましょう。

補

補　ころもへん

筆順：ネ ネ ネ 衤 衤 衤 衤 衤 衤 衤 補 補

洗（9画）

長く　曲げてはねる　はらう

読み方 音 セン　訓 あらう

言葉 洗《せん》顔《がん》　洗《せん》面《めん》所《じょ》　洗《せん》練《れん》　手《て》を洗《あら》う

成り立ち 「水」（氵）で「足」（先）をあらうことを表します。

洗　さんずい

筆順：氵 氵 氵 氵 汁 汁 汫 洗 洗

捨（11画）

つける　はらう　長く　はねる

読み方 音 シャ　訓 すてる

言葉 四《し》捨《しゃ》五《ご》入《にゅう》　ごみを捨《す》てる　使《つか》い捨《す》て

注意 形の似た字に「拾」があるので、注意しましょう。

捨　てへん

筆順：扌 扌 扌 扑 扴 拎 拾 拴 捨 捨 捨

---

1 □に漢字を書きましょう。（うすい字はなぞりましょう。）（一つ2点）

① □《とど》ける

② □《わ》る

③ 役《やく》□《わり》

④ □《ほ》助《じょ》

⑤ □《おぎな》う

⑥ □《せん》面《めん》所《じょ》

⑦ □《あら》う

⑧ □《す》てる

✦…まちがえやすい漢字

2 ――の漢字の読みがなを書きましょう。（一つ４点）

1. 仕事を 割 り当てる。（　　）
2. お湯で 洗顔 する。（　　）
3. 祖母から手紙が 届 く。（　　）
4. 説明を 補足 する。（　　）
5. 使い 捨 てのカメラ。（　　）
6. 石けんで手を 洗 う。（　　）
7. 一対二の✦ 割合。（　　）
8. 国の 補助 を受ける。（　　）
9. ✦取捨 選たくを行う。（　　）
   取捨選たく＝不要なものをすてて必要なものを選ぶこと。
10. 選挙に 立候補 する。（　　）

3 漢字を書きましょう。（〰は、漢字と送りがなで書きましょう。）（一つ４点）

1. 心が□《あら》われる話。
2. 卵《たまご》を□《わ》る。
3. ✦□《せんれん》された文章。
4. 合計点を□《ししゃ》五入する。
5. □《やくわり》を果たす。
6. □《せんめんじょ》の鏡。
7. □《ほけつ》のメンバー。
8. □《わ》れたびんを□《す》てる。
9. 荷物を□《とどける》。
10. 不足を✦□《おぎなう》。

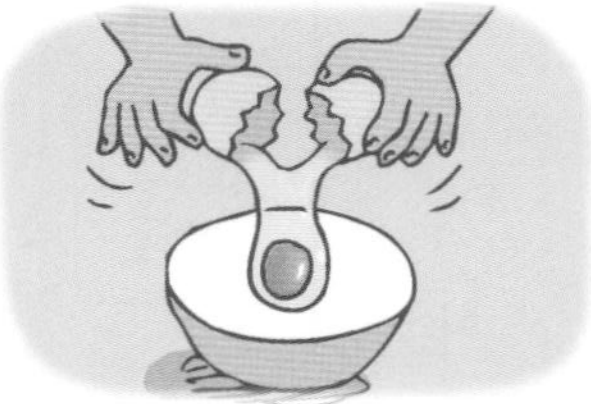

漢字を知っトク! 「ししゃ五入」は，計算で，およその数を求めるときの方法の一つ。四以下を切りすて，五以上を切り上げる方法だよ。

3 探・降・推・臨・退

月	日	時	分〜	時	分

名前　　　　点

筆順 1 2 3 4 5　まちがえやすいところ…

探（11画）
曲げて止める　はらう　はねる

読み方 音 タン　訓 （さぐる） さがす

言葉 探究《たんきゅう》　探知《たんち》　本《ほん》を探《さが》す　探検《たんけん》

注意 「探す」はほしいものをさがすときに使います。なくしたものをさがすときには使いません。

探（てへん）

降（10画）
二画で　長く　少しつき出す

読み方 音 コウ　訓 おりる　おろす　ふる

言葉 以降《いこう》　降下《こうか》　電車《でんしゃ》を降《お》りる　雨《あめ》が降《ふ》る

注意 乗り物から出るときは「降りる」、山や階段《かいだん》で下に向かうときは「下りる」を使います。

降（こざとへん）

推（11画）
はらう　つける

読み方 音 スイ　訓 （おす）

言葉 推敲《すいこう》　推測《すいそく》　推理《すいり》

ポイント 「推敲《すいこう》」は、詩の言葉を「推《お》す」と「敲《たた》く」のどちらに直すか思案した中国の話から生まれた言葉。

推（てへん）

臨（18画）
平たく　同じくらいに　少しつき出す

読み方 音 リン　訓 （のぞむ）

言葉 臨海《りんかい》　臨時《りんじ》　臨機応変《りんきおうへん》

注意 右側の「口」は、書く位置と数に気をつけましょう。　臨

臨（しん）

退（9画）
点をつけない　折る　一画で　はねる

読み方 音 タイ　訓 しりぞく　しりぞける

言葉 後退《こうたい》　退去《たいきょ》　退院《たいいん》　退場《たいじょう》　後《うし》ろに退《しりぞ》く

注意 右の「艮」を「良」としないように気をつけましょう。　×退

退（しんにょう・しんにゅう）

1 □に漢字を書きましょう。
（うすい字はなぞりましょう。）（一つ2点）

1. □検（たんけん）
2. □す（さが）
3. □りる（お）
4. □る（ふ）
5. □測（すいそく）
6. □時（りんじ）
7. □場（たいじょう）
8. □く（しりぞ）

2 ――の漢字の読みがなを書きましょう。（一つ4点）

✦…まちがえやすい漢字

❶ 宝《たから》探しをする。（　）

❷ 五時以降は家にいる。（　）

❸ 金属を探知する。（　）

❹ 明日《あす》、退院する。（　）

❺ 急に雨が降✦ってきた。（　）

❻ 真理を探究する。（　）
探究＝物事の本当の姿《すがた》を明らかにすること。

❼ 停留所で客を降ろす。（　）

❽ 国外に退去する。（　）

❾ 臨機応変✦に対応する。（　）
臨機応変＝その時その場に合った方法をとること。

❿ 作文を推敲《こう》する。（　）
推敲＝文章や詩を、何度も練り直してよりよくすること。

3 漢字を書きましょう。（〰〰は、漢字と送りがなで書きましょう。）（一つ4点）

❶ 大雪が（　）《ふ》る。

❷ ✦（　　）《たんけん》する

❸ 犯人を（　　）《すいり》する。

❹ 飛行機が（　　）《こうか》する。

❺ （　　）《りんかい》工業地帯

❻ 順に（　　）《たいじょう》する。

❼ 考えを（　　）《すいそく》する。

❽ （　　）《りんじ》バスを（　）《さが》す。

❾ じりじりと（　　　）《しりぞく》。

❿ 車から✦（　　　）《おりる》。

漢字を知っトク! 「○○以降」というときは，○○の時もふくまれるよ。 例 六月三日以降（六月三日もふくめて，それから後）

4 視・呼・座・吸

筆順 1 2 3 4 5 まちがえやすいところ…

視（11画）

視 止める はらう はねる 曲げて

視 ネ ネ ネ 礻 礻 礻 袒 袒 視 視

読み方 音 シ

言葉 視界《しかい》　視覚《しかく》　視線《しせん》　視点《してん》　視力《しりょく》　直視《ちょくし》

ポイント よく見る、じっと見ることを表す字です。

視 みる

呼（8画）

呼 はらう そる はねる

呼 ｌ ｎ ロ ロ' ロ'' ロ㇒ 呼 呼

読み方 音 コ　訓 よぶ

言葉 呼応《こおう》　点呼《てんこ》　呼《よ》びかける　名前《なまえ》を呼《よ》ぶ

ポイント よぶという意味の他に、「呼吸」のように、息をはくという意味もあります。

呼 くちへん

座（10画）

座 長く つき出す はらう 長く

座 丶 亠 广 广 庂 庅 庅 座 座 座

読み方 音 ザ　訓 （すわる）

言葉 座席《ざせき》　正座《せいざ》　星座《せいざ》　座談会《ざだんかい》

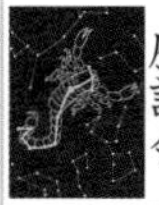

注意 まんなかの縦画《たてかく》は「人」にかかるように長くのばします。

座　座 まだれ

吸（6画）

吸 少しつき出す 一画で はらう

吸 ｌ ｎ ロ ロ' 吸 吸

読み方 音 キュウ　訓 すう

言葉 吸収《きゅうしゅう》　呼吸《こきゅう》　息《いき》を吸《す》う　吸《す》いこむ

注意 「及」の部分は、ひと続きに書きます。

吸　吸 くちへん

もっと知っトク

広い意味をもつ「呼吸」

「息をはく」意味の「呼」と「すう」意味の「吸」が組み合わさった「呼吸」。本来の意味以外にも、「二人《ふたり》の呼吸が合う」というときの「調和」や、「ひと呼吸おく」というときの「短い時間」という意味があります。

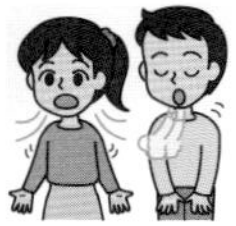

名前

月 日 時 分〜 時 分

点

1 □に漢字を書きましょう。（うすい字はなぞりましょう。）（一つ2点）

❶ 視《し》線《せん》

❷ 点《てん》呼《こ》

❸ 呼《よ》ぶ

❹ 座《ざ》席《せき》

❺ 座《ざ》談《だん》会《かい》

❻ 呼《こ》吸《きゅう》

❼ 吸《きゅう》収《しゅう》

❽ 吸《す》う

✦…まちがえやすい漢字

2 ――の漢字の読みがなを書きましょう。（一つ４点）

❶ 空気を 吸 いこむ。（　　）
❷ 視力 を測る。（　　）
❸ 母に 呼 びかける。（　　）
❹ 市長が海外を✦ 視察 する。（　　）
❺ 合図に 呼応 する。（　　）
呼応＝よびかけに応えること。
❻✦ 正座 で話を聞く。（　　）
❼ 視界 が広い。（　　）
❽ 問題を 直視 する。（　　）
❾ 知識を 吸 収《しゅう》する。（　　）
❿ 銀行に✦ 口座 を開く。（　　）

3 漢字を書きましょう。（〰〰は、漢字と送りがなで書きましょう。）（一つ４点）

❶ 電車の［ざせき］が空く。
❷ ✦［こきゅう］があらい。
❸ するどい［しせん］。
しせん＝目で見ている方向。
❹ 息を［す］って、［よ］びかける。
❺ 夏の✦［せいざ］を探す。
❻ ［してん］を変えて話す。
してん＝物事を見たり考えたりするときの目のつけどころ。
❼ ✦［ざだんかい］を行う。
❽ 班長《はんちょう》が［てんこ］を取る。
てんこ＝一人《ひとり》一人の名前をよんで、そろっているか調べること。
❾ 名前を［よぶ］（〰〰）。
❿ 息を［すう］（〰〰）。

漢字を知っトク! 出資金や寄付金を数えるときに「一口，二口…」などということから，「銀行口座」という漢字を使うよ。

5 誠・純・紅・朗

名前　　　点
月　日　時　分〜　時　分

筆順　1　2　3　4　5　（まちがえやすいところ）…

誠（13画）

筆順：、 亠 亠 亖 言 言 言 訁 訂 訢 訪 誠 誠

つき出す／わすれずに／はらう／はねる

読み方　音 セイ　訓（まこと）

言葉　誠意《せいい》　誠実《せいじつ》　誠心誠意《せいしんせいい》

ポイント　「誠心誠意」は真心をもって行うという意味の言葉です。

誠（ごんべん）

純（10画）

筆順：く 幺 幺 糸 糸 糸 糸 紅 紅 純

つき出す／左下へはらう／曲げてはねる／止める

読み方　音 ジュン

言葉　純金《じゅんきん》　純真《じゅんしん》　単純《たんじゅん》　純情《じゅんじょう》

ポイント　「単純」の反対の意味の言葉は「複雑」です。

純（いとへん）

紅（9画）

筆順：く 幺 幺 糸 糸 糸 糸 紅 紅

つき出さない／上より長く

読み方　音 コウ（ク）　訓 べに（くれない）

言葉　紅茶《こうちゃ》　紅葉《こうよう》　紅色《べにいろ》　紅白《こうはく》　口紅《くちべに》　紅花《べにばな》

ポイント　「紅・白」はお祝いの色として用いられます。

紅（いとへん）

朗（10画）

筆順：丶 ㇇ ヨ 㠯 良 良 朗 朗 朗 朗

つき出さない／たてに／止める

読み方　音 ロウ　訓（ほがらか）

言葉　明朗《めいろう》　朗読《ろうどく》　朗報《ろうほう》

注意　「月」を「阝」と書くと別の字になるので注意しましょう。

郎（×）

朗（つき）

もっと知っトク

一輪の花の美しさから生まれた「紅一点」

大勢の男の人の中に交じる、ただ一人《ひとり》の女の人を「紅一点《こういってん》」といいます。これは、「（一面の緑の景色《けしき》の中の）紅色の一輪の花はすばらしい」という、春の景色のすばらしさをうたった中国の詩から出た言葉です。

1 □に漢字を書きましょう。（うすい字はなぞりましょう。）（一つ2点）

① □《せい》意《い》
② □《せい》実《じつ》
③ □《じゅん》情《じょう》
④ 単《たん》□《じゅん》
⑤ □《こう》茶《ちゃ》
⑥ 口《くち》□《べに》
⑦ 明《めい》□《ろう》
⑧ □《ろう》読《どく》

漢字マスターまであと173字　191字　0字　学んだ漢字18字

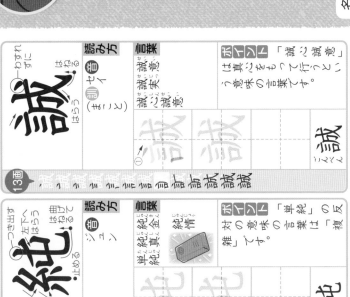

✦…まちがえやすい漢字

2 ――の漢字の読みがなを書きましょう。（一つ４点）

1 紅白 のまんじゅう。（　　）

2 ✦ 朗報 を聞く。（　　）

朗報＝よい知らせ。

3 純金 のアクセサリー。（　　）

4 ✦ 紅花 をさいばいする。（　　）

5 子どもは 清純 だ。（　　）

6 紅色 に染《そ》めた布。（　　）

7 誠意 をもって話す。（　　）

8 チームの中で 紅一点 だ。（　　）

9 純情 でかれんな人。（　　）

10 朗朗 と歌い上げる。（　　）

朗朗（朗々）＝声がすき通りはっきりしている様子。

3 漢字を書きましょう。（一つ４点）

1 □□《こうちゃ》をいれる。

2 忠《ちゅう》□《せい》をちかう。

3 □□《じゅんしん》な気持ち。

4 □□《くちべに》をぬる。

5 ✦ □□《たんじゅん》な考え。

6 ✦ □□《こうよう》の美しい山。

7 物語を□□《ろうどく》する。

8 □□《せいじつ》で□《じゅん》すいな人。

9 □□《めいろう》な青年。

めいろう＝あかるく、ほがらかなこと。

10 ✦ □□□□《せいしんせいい》つくす。

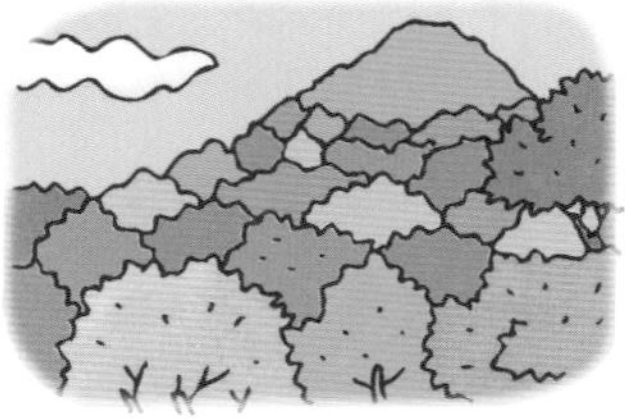

漢字を知っトク! 「紅色」は紅花の花のしるで染《そ》めたあざやかな赤い色。「くれない色」ともいうよ。

6 確認《かくにん》テスト 1

名前　　月　日　　目標15分　　点

1 ――の漢字の読みがなを書きましょう。（一つ3点）

❶ 大きな声で 呼ぶ。（　　）

❷ 洗練 されたふるまい。（　　）

❸ すいかを 割る。（　　）

❹ 視界 がぼやける。（　　）

❺ たがいに 呼応 する。（　　）

❻ 一の位を 四捨五入 する。（　　）

❼ せめられて 退く。（　　）

❽ 必要な栄養を 補う。（　　）

❾ 先生の 朗読 は、みんなの心に 届いた。（　　）（　　）

❿ 臨時 列車の 座席 にすわる。（　　）（　　）

2 ――の漢字の読みがなを書きましょう。（一つ3点）

❶ 細かな雨が 降る。（　　）

❷ 次のバス停で 降りる。（　　）

❸ 紅白 歌合戦（　　）

❹ ピンクの 口紅。（　　）

漢字を知っトク!　「割る」は，一つのものをいくつかに分けること。もっと細かく分ける場合には，「くだく」という言葉を使うよ。

3 漢字を書きましょう。（〰〰は、漢字と送りがなで書きましょう。）（一つ3点）

❶ 花のみつを□《す》う。

❷ □《ざだんかい》を開く。

❸ 三対二の□《わりあい》で作る。

❹ 景気が□《こうたい》する。

❺ □《たんじゅん》な仕組み。

❻ ふだん着を□《あら》う。

❼ 大きく□《しんこきゅう》する。

❽ 紙くずをごみ箱に□《すてる》。

❾ 原因を□《すいそく》し、解決策《かいけつさく》を□《さがす》。

❿ □《せいじつ》な人物が選挙に□《りっこうほ》する。

4 同じ読み方をする漢字を書きましょう。（一つ4点）

❶ 空から□《こうか》する。

❷ 薬の□《こうか》が出る。

❸ 保育士の□《しかく》を取る。

❹ □《しかく》の発達した動物。

漢字を知っトク! 「すう」は口で行う動作なので，部首は「口」（くちへん）。部首はその漢字の意味に関係している場合が多いことを覚えておこう。

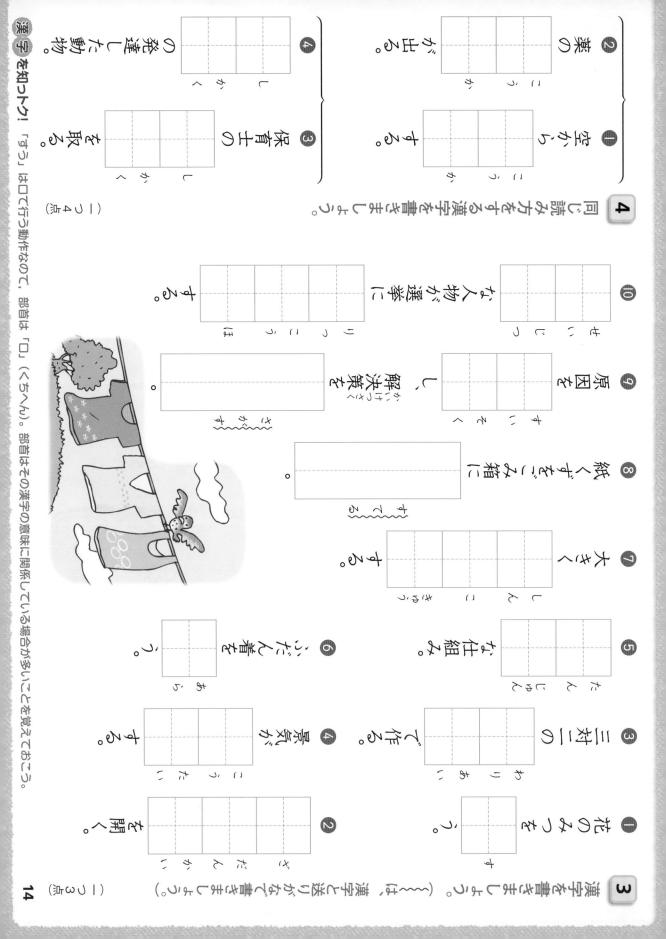

7 裏・片・射・至・垂

名前　　点
月　日　時　分～　時　分

筆順 1 2 3 4 5　まちがえやすいところ…

裏（13画）

長く　はねる　つき出さない

読み方　音 （リ）　訓 うら

言葉　裏返《うらがえ》す　裏地《うらじ》　表《おもて》と裏《うら》　裏口《うらぐち》

ポイント　「裏」と「表」を合わせた「裏表」という言葉もあります。

裏　ころも

片（4画）

たてに　折る　つき出さない　はらう

読み方　音 （ヘン）　訓 かた

言葉　片側《かたがわ》　片手《かたて》　片方《かたほう》　片《かた》づける

成り立ち　木を縦《たて》に二つに割った右半分の形からできた字です。

片　かた

射（10画）

出す　はらう　わすれずに

読み方　音 シャ　訓 いる

言葉　注射《ちゅうしゃ》　発射《はっしゃ》　反射《はんしゃ》　放射線《ほうしゃせん》　的《まと》を射《い》る

ポイント　矢をいるという意味の他に、勢いよく進む・出るという意味もあります。

射　すん

至（6画）

つき出さない　つける　長く

読み方　音 シ　訓 いたる

言葉　至急《しきゅう》　冬至《とうじ》　至難《しなん》のわざ　目的地《もくてきち》に至《いた》る

成り立ち　矢が目標に達する様子を表した字です。

至　いたる

垂（8画）

はらう　つき出す　長く

読み方　音 スイ　訓 たれる　たらす

言葉　垂直《すいちょく》　垂《た》れ下《さ》がる　糸《いと》を垂《た》らす

注意　横画の数を多く書かないよう注意しましょう。　×垂

垂　つち

---

1 □に漢字を書きましょう。（うすい字はなぞりましょう。）（一つ2点）

1. うらぐち　□口
2. かたがわ　□側
3. ちゅうしゃ　注□
4. い　□る
5. しきゅう　□急
6. いた　□る
7. すいちょく　□直
8. た　□らす

✦…まちがえやすい漢字

2 ——の漢字の読みがなを書きましょう。（一つ4点）

1 部屋《へや》を片づける。（　）

2 ジャケットの✦裏地。（　）
裏地＝服や着物のうらにつける布。

3 放射線を測定する。（　）
放射線＝ウランなどの元素がこわれるときに出るもの。

4 至らぬところを正す。（　）
至らぬ＝行き届かない。

5 つり糸を垂らす。（　）

6 画用紙を裏返す。（　）

7 実行は✦至難《なん》のわざだ。（　）
至難＝非常にむずかしいこと。

8 垂直な線を引く。（　）

9 冬至の夜、ゆず湯に入る。（　）

10 正確に的を射ぬく。（　）

3 漢字を書きましょう。（〰〰は、漢字と送りがなで書きましょう。）（一つ4点）

1 光が（　　）《はんしゃ》する。

2 道路の（　　）《かたがわ》に寄る。

3 ✦（　）《いた》れりつくせりのもてなし。
いたれりつくせり＝心づかいがよく行き届いていること。

4 （　　）《かたほう》の赤いくつ。

5 矢を（　）《い》る。

6 家の（　　）《うらぐち》から出る。

7 ロケットを（　　）《はっしゃ》する。

8 （　　）《うらにわ》の（　）《かた》づけ。

9 水が（　　）《たれる》。

10 目的地に（　　）《いたる》。

漢字を知っトク！「片」と反対の意味の字は「両」。「片手」↔「両手」のように使うね。でも，「片道」と反対の意味の言葉は「往復」なんだよ。

8 収・納・秘・密・預

名前　　　点

月　日　時　分～　時　分

筆順 1 2 3 4 5　まちがえやすいところ…

収（4画）

筆順：丨 屮 収 収

（あける／折ってはらう）

読み方　音 シュウ　訓 おさめる／おさまる

言葉　回収《かいしゅう》　吸収《きゅうしゅう》　収集《しゅうしゅう》　収入《しゅうにゅう》　成功《せいこう》を収《おさ》める

注意　左側、右側ともに二画で書きましょう。　収

収　また

納（10画）

筆順：く 幺 幺 糸 糸 糸 糸 納 納 納

（つき出す／はねる／止める）

読み方　音 ノウ（ナッ）（トウ）　訓 おさめる／おさまる

言葉　収納《しゅうのう》　納品《のうひん》　税金《ぜいきん》を納《おさ》める

注意　「おさめる」には「収める」「治める」「修める」があります。使い分けに注意しましょう。

納　いとへん

秘（10画）

筆順：一 二 千 千 禾 禾 秘 秘 秘 秘

（曲げてはねる／止める）

読み方　音 ヒ　訓（ひめる）

言葉　神秘《しんぴ》　秘書《ひしょ》　秘蔵《ひぞう》　秘境《ひきょう》

ポイント　「秘」は、㊙のように、人に知らせないことを示す印として使われることもあります。

秘　のぎへん

密（11画）

筆順：丶 丶 宀 宀 宀 宓 宓 宓 宓 密 密

（止める／曲げてはねる／平たく）

読み方　音 ミツ

言葉　親密《しんみつ》　秘密《ひみつ》　精密《せいみつ》　密度《みつど》　密接《みっせつ》　密林《みつりん》

成り立ち　「山」と「宓」（ぴったりすきまなくおおわれる）を合わせた字です。

密　うかんむり

預（13画）

筆順：マ マ 又 予 予 予 予 預 預 預 預 預 預

（はねる）

読み方　音 ヨ　訓 あずける／あずかる

言葉　預金《よきん》　預貯金《よちょきん》　銀行《ぎんこう》に預《あず》ける　荷物《にもつ》を預《あず》かる

ポイント　「預ける」と「預かる」は反対の意味になります。

預　おおがい

1 □に漢字を書きましょう。（うすい字はなぞりましょう。）（一つ2点）

① 回□《かいしゅう》

② □《おさ》める

③ □品《のうひん》

④ □《おさ》める

⑤ □書《ひしょ》

⑥ 精□《せいみつ》

⑦ □金《よきん》

⑧ □《あず》ける

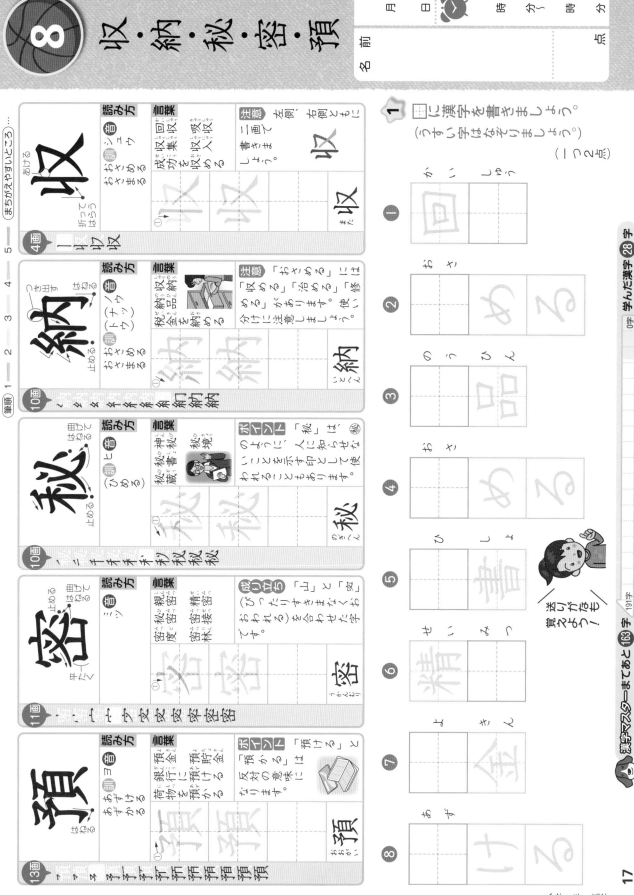

✦…まちがえやすい漢字

2 ——の漢字の読みがなを書きましょう。（一つ4点）

① ごみを収集する。（　）

② 山おくの秘境。（　）
秘境＝まだ人が行ったことがなく知られていない所。

③ 争いが収まる。（　）

④ 荷物を預かる。（　）

⑤ 知識を✦吸収する。（　）

⑥ みんなに秘密にする。（　）

⑦ 午前中に店に納品する。（　）

⑧ ✦預貯金を増やす。（　）

⑨ 注文の品が店に納まる。（　）

⑩ 人口密度を調べる。（　）
人口密度＝面積一平方キロメートル当たりの人の数の割合。

3 漢字を書きましょう。（〰〰は、漢字と送りがなで書きましょう。）（一つ4点）

① みつりん を探検する。
みつりん＝ジャングル。

② 古紙を ✦かいしゅう する。

③ しんみつ な関係。

④ 社長の ひしょ 。
ひしょ＝大事な仕事をする人のそばで、その人を助ける仕事をする人。

⑤ 多額の よきん 。

⑥ 本を しゅうのう する。

⑦ ひ 蔵《ぞう》の品を箱に おさ める。

⑧ せいみつ な機械。

⑨ 銀行に あずける 。

⑩ 税金を✦ おさめる 。

漢字を知っトク！「おさめる」の使い分け。ものや結果を手に入れる場合には「収める」，会費などを相手にわたす場合には「納める」を使うよ。

9 優・貴・厳・敬・尊

名前　　　点

月　日　時　分～　時　分

筆順 1 2 3 4 5　まちがえやすいところ…

優（17画）

つける　はねる　止める

読み方　音 ユウ　訓 (やさしい) (すぐれる)

言葉　俳優《はいゆう》　優勢《ゆうせい》　優先《ゆうせん》　優勝《ゆうしょう》

ポイント　「女優」など、下に付けて役者の意味を表します。

にんべん　優

貴（12画）

折る　長く　つき出さない　止める

読み方　音 キ　訓 (たっとい) (とうとい) (たっとぶ) (とうとぶ)

言葉　貴金属《ききんぞく》　貴族《きぞく》　貴重《きちょう》

ポイント　「貴兄《きけい》」「貴社」など、上に付けて相手への敬いの気持ちを表すこともあります。

こかい　貴

厳（17画）

つける　向きに注意　つき出さない　はらう

読み方　音 ゲン　訓 (おごそか) きびしい

言葉　厳格《げんかく》　厳守《げんしゅ》　厳《きび》しい父《ちち》　厳禁《げんきん》　厳重《げんじゅう》

注意　上の部分の点の向きに注意しましょう。

厳

つかんむり　厳

敬（12画）

はらう　折る　はねる

読み方　音 ケイ　訓 うやまう

言葉　敬意《けいい》　敬老《けいろう》の日《ひ》　相手《あいて》を敬《うやま》う　敬語《けいご》

ポイント　「敬語」には、「尊敬語」「けんじょう語」「ていねい語」などの種類があります。

のぶん　ぼくにょう　ぼくづくり　敬

尊（12画）

向きに注意　わすれずに　はねる

読み方　音 ソン　訓 たっとい　とうとい　たっとぶ　とうとぶ

言葉　尊敬語《そんけいご》　尊《たっと/とうと》い教《おし》え　祖先《そせん》を尊《たっと/とうと》ぶ　尊重《そんちょう》

成り立ち　手（寸）と神にささげる酒のつぼ（酋）からできた字です。

すん　尊

1 □に漢字を書きましょう。（うすい字はなぞりましょう。）（一つ2点）

① ゆう□ しょう 勝

② き□ ちょう 重

③ げん□ じゅう 重

④ きび□ しい

⑤ けい□ ご 語

⑥ うやま□ う

⑦ そん□ ちょう 重

⑧ とうと□ ぶ

✦…まちがえやすい漢字

2 ――の漢字の読みがなを書きましょう。（一つ4点）

❶ 老人を優先する。（　　）
❷ 敬語を使って話す。（　　）
❸ ✦貴重な体験をする。（　　）
❹ 祖先を尊ぶ。（　　）
❺ 敬いの心で接する。（　　）
❻ ✦尊い教えを守る。（　　）

尊い＝自然に頭が下がり、心から立派《りっぱ》だと思い、大切にしたくなる様子。

❼ 時間を厳守する。（　　）
❽ 相手を尊重する。（　　）
❾ 大自然の厳しさ。（　　）
❿ 味方が優勢になる。（　　）

3 漢字を書きましょう。（〰〰は、漢字と送りがなで書きましょう。）（一つ4点）

❶ 客人に✦□□《けいい》をはらう。
❷ 師を□《たっと》ぶ。
❸ □□《けいろう》のつどい。
❹ □□《げんじゅう》に管理する。
❺ 平安《へいあん》時代の□□《きぞく》。
❻ □□《そんけい》する学者。
❼ 大会で□□《ゆうしょう》する。
❽ □□《げんかく》な父を□《うやま》う。
❾ ✦〰きびしい〰 □ 態度を見せる。
❿ 〰とうとい〰 □ 身分。

漢字を知っトク! 「たっとぶ」は，「とうとぶ」のやや古い言い方。どちらも同じ意味で使われるよ。

10 覧・拡・宣・看・展

名前　　　点

月　日　時　分～　時　分

筆順 1 2 3 4 5　まちがえやすいところ…

覧（17画）

折る　短く　曲げて　はねる

読み方　音 ラン

言葉
一覧《いちらん》
回覧《かいらん》
展覧会《てんらんかい》

ポイント　広く見ることや、全体が見られるようにまとめたものを表す字です。

みる　覧

拡（8画）

たてに　はねる　折る　止める

読み方　音 カク

言葉
拡散《かくさん》
拡大《かくだい》
拡張《かくちょう》

注意　右側の部分は「広」ですが、「コウ」「ひろ（い）」などの読みはありません。

てへん　拡

宣（9画）

あける　長く

読み方　音 セン

言葉
宣言《せんげん》
宣戦布告《せんせんふこく》
宣伝《せんでん》

注意　横画は「日」の上と下に一本ずつ書きます。忘《わす》れないようにしましょう。

うかんむり　宣

看（9画）

はらう　いちばん長く　つける

読み方　音 カン

言葉
看護《かんご》
看板《かんばん》
看病《かんびょう》

成り立ち　目の上に手をかざして遠くを見ることを表した字です。

め　看

展（10画）

折る　上より長く　はらう　はねる

読み方　音 テン

言葉
進展《しんてん》
展覧会《てんらんかい》
発展《はってん》
展示《てんじ》

注意　下の部分に左はらいを付けないように注意しましょう。

しかばね かばね　展

1 □に漢字を書きましょう。（うすい字はなぞりましょう。）（一つ2点）

1. いちらん（一□）
2. かいらん（回□）
3. かくちょう（□張）
4. せんげん（□言）
5. せんでん（□伝）
6. かんご（□護）
7. かんばん（□板）
8. てんじ（□示）

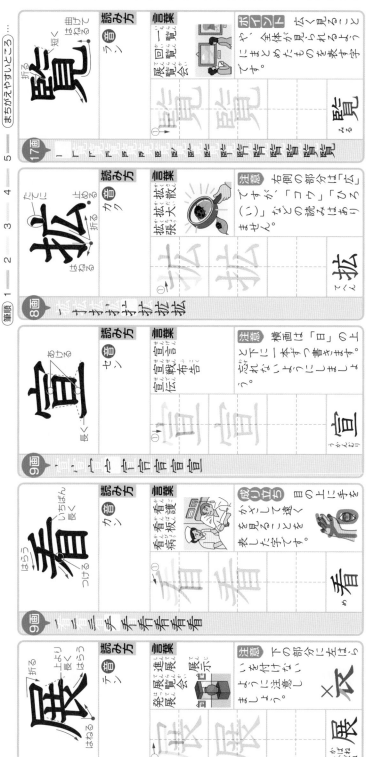

✦…まちがえやすい漢字

2 ――の漢字の読みがなを書きましょう。（一つ4点）

1 文書を 回覧 する。（　　）

2 弟のいたずらを 看破 する。（　　）
看破＝見やぶること。

3 ✦展覧会 へ行く。（　　）

4 けい務所の ✦看守。（　　）
看守＝ろうなどに入れられた罪人を取りしまる役人。

5 けむりが 拡散 する。（　　）

6 キリスト教の ✦宣教師。（　　）
宣教師＝宗教《しゅうきょう》を教え、広める人。

7 無罪を 宣告 される。（　　）

8 拡声器 を使う。（　　）

9 資料をえつ 覧 する。（　　）
えつ覧＝本や新聞などを調べたり読んだりすること。

10 敵《てき》に 宣戦布告 する。（　　）
宣戦布告＝戦争を始めることを相手国に言いわたし、自分の国や他国に広く知らせること。

3 漢字を書きましょう。（一つ4点）

1 祖父を ✦かんびょう する。

2 選手 せん せい

3 図を かくだい する。

4 事態が しんてん する。

5 かんごし

6 かいらんばん を届ける。

7 道路の かくちょう 工事。

8 国の独立 せんげん 。

9 ✦かんらんしゃ に乗る。

10 せんでん 用の かんばん 。

漢字を知っトク! 選手せんせいは，運動会などで，出場選手が「正々堂々と戦う」などとちかいの言葉を述べることだよ。

11 確認《かくにん》テスト 2

名前　　月　日

目標 15分　　点

1 ――の漢字の読みがなを書きましょう。（一つ3点）

❶ 二倍の 収入 を得る。（　）

❷ 建物の 裏口 に回る。（　）

❸ 予防 注射 を受ける。（　）

❹ 垂直 に切り立つがけ。（　）

❺ 家と家とが 密接 する。（　）

❻ 厳 しい表情をする。（　）

❼ 母に手紙を 預 ける。（　）

❽ 神秘的 な景色《けしき》を見る。（　）

❾ 貴金属 を 展示 する。（　）（　）

❿ 歴代 優勝者 の 一覧 を作る。（　）（　）

2 ――の漢字の読みがなを書きましょう。（一つ3点）

❶ 至急 来てください。（　）

❷ 山の頂《いただき》に 至 る。（　）

❸ 敬意 をこめる。（　）

❹ 相手を 敬 う。（　）

漢字を知っトク！「貴金属」は貴重な金属のことで，金や銀などがあるよ。酸やアルカリにおかされにくく，美しいかがやきをもつんだ。

3 漢字《かんじ》を書きましょう。（〰〰は、漢字と送りがなで書きましょう。）

（一つ3点）

❶ 商品を□□《せんでん》する。

❷ 写真を□□《かくだい》する。

❸ □□《かたほう》の手ぶくろ。

❹ たんすに服を□□《しゅうのう》する。

❺ 人気のある俳《はい》□《ゆう》。

❻ 意思を□□《そんちょう》する。

❼ □《とうとい》教え。

❽ 池につり糸を□《たらす》。

❾ 「土足□□《げんきん》」と書かれた□□《かんばん》。

❿ □□《けいろう》の日のために□□《よきん》を下ろす。

4 同じ読み方をする漢字を書きましょう。

（一つ4点）

❶ 成功を□《おさ》める。

❷ 月謝を□《おさ》める。

❸ 弓で的を□《い》る。

❹ 本を気に□《い》る。

漢字を知っトク! 「げんきん」はきびしく止めること。「きんし」に比べて，止める意味合いが強まるよ。

12 難・痛・困・傷・危

名前

月　日　時　分～　時　分

点

筆順 1　2　3　4　5　まちがえやすいところ…

難（18画）

つき出さない　長く　止める

読み方　音 ナン　訓 むずかしい

言葉　災難《さいなん》　難解《なんかい》　難問《なんもん》　非難《ひなん》　難《むずか》しい問題《もんだい》

ポイント　「難しい」の反対の意味の言葉は、「易しい」です。

筆順　一　艹　廿　廿　苩　莒　茣　茣　菓　莫　莫　歎　歎　歎　歎　難　難　難

部首　難　ふるとり

痛（12画）

たてに　つける　はねる　つき出す

読み方　音 ツウ　訓 いたい　いたむ　いためる

言葉　苦痛《くつう》　頭痛《ずつう》　痛快《つうかい》　痛感《つうかん》　頭《あたま》が痛《いた》い

ポイント　「痛感」の場合の「痛」は、「いたい」ではなく、「ひどく・とても」という意味です。

筆順　丶　亠　广　广　疒　疒　疒　疗　疗　病　痟　痛

部首　痛　やまいだれ

困（7画）

折る　つける

読み方　音 コン　訓 こまる

言葉　困苦《こんく》　困難《こんなん》　返事《へんじ》に困《こま》る

注意　形の似た字に「因」があるので注意しましょう。

困　因

筆順　丨　冂　冂　円　用　困　困

部首　困　くにがまえ

傷（13画）

つき出さない　長く　止める　はねる

読み方　音 ショウ　訓 きず（いたむ）（いためる）

言葉　感傷的《かんしょうてき》　軽傷《けいしょう》　負傷《ふしょう》　傷薬《きずぐすり》　傷口《きずぐち》

ポイント　「傷心」のように、体だけでなく、心がきずつく場合にも使います。

筆順　ノ　亻　亻　亻　作　作　作　作　倬　倬　傷　傷　傷

部首　傷　にんべん

危（6画）

つける　はねる　曲げてはねる

読み方　音 キ　訓 あぶない（あやうい）（あやぶむ）

言葉　危機《きき》　危険《きけん》　危《あぶ》ない場所《ばしょ》

注意　送りがなを「危い」としないように気をつけましょう。

筆順　ノ　ク　ク　乌　产　危

部首　危　わりふ　ふしづくり

1　□に漢字を書きましょう。（うすい字はなぞりましょう。）（一つ2点）

❶ なん もん　□□問

❷ むずか　□しい

❸ ず つう　頭□

❹ いた　□い

❺ こま　□る

❻ きず ぐち　□口

❼ き けん　□険

❽ あぶ　□ない

漢字マスターまであと148字　191字　0字　学んだ漢字43字

✦…まちがえやすい漢字

2 ――の漢字の読みがなを書きましょう。（一つ４点）

❶ 困った顔をする。（　）

❷ 危機からのがれる。（　）

❸ ひざに✦傷薬をぬる。（　）

❹ 難解なクイズにいどむ。（　）

❺ 感傷的になる。（　）

感傷的＝少しのことに感じて、もの悲しくなる様子。

❻ 食べすぎて腹《はら》が痛い。（　）

❼ 危なげな手つき。（　）

❽ 問題を難しく考える。（　）

❾ 困苦にたえられる人だ。（　）

困苦＝ひどく苦しむこと。

❿✦ 頭痛で学校を休む。（　）

3 漢字を書きましょう。（〰〰は、漢字と送りがなで書きましょう。）（一つ４点）

❶ □□《なんもん》を解く。

❷ あつかいに□《こま》る。

❸ 足を✦□□《ふしょう》する。

❹ □□《さいなん》にあう。

❺ □□《くつう》を感じる。

❻ □□《こんなん》な計画。

❼ □□《きけん》を察知する。

❽ □□《きずぐち》が□《いた》む。

❾✦ 〰〰《あぶない》場所。

❿ 〰〰《むずかしい》計算。

漢字を知っトク! 「危」の付く言葉には「危機一ぱつ」もあるよ。かみの毛１本ほどのわずかな差のところまできけんがせまることをいうよ。

13 専・装・敵・将・揮

名前　　月　日　時　分～　時　分　　点

筆順 1 2 3 4 5 まちがえやすいところ…

専（9画）

一 𠂇 冖 百 亩 亩 亩 専 専

つき出さない　はねる　長く

読み方 音 セン 訓（もっぱら）

言葉 専属《せんぞく》　専門《せんもん》　専用《せんよう》　専念《せんねん》

注意 右上には点は打ちません。注意しましょう。

×専

専 すん

装（12画）

丨 丬 壮 壮 壮 壮 壮 奘 奘 装 装 装

上より短く　はらう　はねる

読み方 音 ソウ（ショウ）

言葉 装置《そうち》　服装《ふくそう》　包装《ほうそう》　装備《そうび》　変装《へんそう》

注意 筆順に注意しましょう。左上の縦画《たてかく》から書き始めます。

装

装 ころも

敵（15画）

丶 亠 亠 产 产 产 啇 啇 啇 啇 啇 啇 敵 敵 敵

止める　はらう　はねる

読み方 音 テキ 訓（かたき）

言葉 強敵《きょうてき》　天敵《てんてき》　無敵《むてき》　敵対《てきたい》

注意 読み方が同じで、形の似た字に「適」があります。

敵　適

敵 ぼくにょう のぶん ぼくづくり

将（10画）

丨 丬 丬 丬 丬 丬 将 将 将 将

はらう　向きに注意　はねる

読み方 音 ショウ

言葉 主将《しゅしょう》　将来《しょうらい》　武将《ぶしょう》　将軍《しょうぐん》　大将《たいしょう》

ポイント 「将来」と似た言葉は「未来」。「将来」はこれから先、「未来」はこれから先の時間のこと。

将 すん

揮（12画）

一 扌 扌 扌 扩 扩 挥 挥 揎 揎 揎 揮

折る　長く

読み方 音 キ

言葉 指揮《しき》　発揮《はっき》

ポイント 手（扌）をふって軍を指揮する、と覚えましょう。

揮 てへん

1 □に漢字を書きましょう。（うすい字はなぞりましょう。）（一つ2点）

1. せん もん　□門
2. そう ち　□置
3. ふく そう　服□
4. きょう てき　強□
5. てき たい　□対
6. しょう ぐん　□軍
7. しょう らい　□来
8. し き　指□

漢字マスターまであと 143 字　191字　0字　学んだ漢字 48 字

✦…まちがえやすい漢字

2 ――の漢字の読みがなを書きましょう。（一つ4点）

❶ 野球部の 主将。（　）

❷ 動きやすい 服装。（　）

❸ 実力を✦ 発揮 する。（　）

❹ チームの 専属 コーチ。（　）

❺ 江戸《えど》幕府《ばくふ》の 将軍。（　）

❻ 品物を 包装 する。（　）

❼ 科学✦ 専門 の研究者。（　）

❽ 天敵 からにげる。（　）

❾ 揮発油 で機械を動かす。（　）

揮発油＝ガソリン。

❿ 無敵 の活やくを見せる。（　）

3 漢字を書きましょう。（一つ4点）

❶ 楽団を✦ □□《しき》 する。

❷ □□《しょうらい》 の夢。

❸ 登山の □□《そうび》。

❹ 勉強に □□《せんねん》 する。

せんねん＝一つのことに心を集中すること。

❺ □□《きょうてき》 を破る。

❻ お山の✦ □□《たいしょう》。

❼ □□《てきたい》 する勢力。

❽ □□《へんそう》 して街に出る。

❾ 有名な戦国 □□《ぶしょう》。

❿ □□《せんよう》 の □□《そうち》。

漢字を知っトク! 「揮発」とは，液体が常温で気体となって広がること。ガソリンは強いにおいをまき散らして広がるね。

14 簡・激・盛・暖・奮

名前　　点
月　日　時　分～　時　分

（筆順）1　2　3　4　5　（まちがえやすいところ）…

簡（18画）

止める　はねる

読み方 音 カン

言葉 簡潔《かんけつ》　簡素《かんそ》　簡単《かんたん》

ポイント 手軽、省くという意味の他に、「書簡」などのように、手紙という意味もあります。

簡　たけかんむり

激（16画）

つける　はらう　はねる

読み方 音 ゲキ　訓 はげしい

言葉 過激《かげき》　感激《かんげき》　激戦《げきせん》　激増《げきぞう》　激しい雨《あめ》

注意 「厳しい」との読みまちがいや書きまちがいに気をつけましょう。

激　さんずい

盛（11画）

つける　わすれずに　曲げてはねる　平たく

読み方 音 （セイ）　訓 もる　（さかる）　（さかん）

言葉 大盛《おおも》り　目《め》盛《も》り　土《つち》を盛《も》る

成り立ち 皿にもり上げる（成）ことを表した字です。

盛　さら

暖（13画）

はらう　向きに注意　上より長く

読み方 音 ダン　訓 あたたか　あたたかい　あたたまる　あたためる

言葉 温暖《おんだん》　寒暖《かんだん》　暖《あたた》かな日《ひ》　部屋《へや》を暖《あたた》める

注意 気温や気候がほどよいときは「暖かい」、ものの温度がほどよいときは「温かい」を使います。

暖　ひへん

奮（16画）

平たく　つき出さない

読み方 音 フン　訓 ふるう

言葉 興奮《こうふん》　奮起《ふんき》　勇気《ゆうき》を奮《ふる》う

ポイント 「奮って」は（自分から）進んでという意味。「奮ってご参加ください」などと使います。

奮　だい

1 □に漢字を書きましょう。（うすい字はなぞりましょう。）（一つ2点）

1. □単《かんたん》
2. 過□《かげき》
3. □しい《はげ》
4. □る《も》
5. 温□《おんだん》
6. □かい《あたた》
7. 興□《こうふん》
8. □う《ふる》

漢字マスターまであと138字　191字　0字　学んだ漢字53字

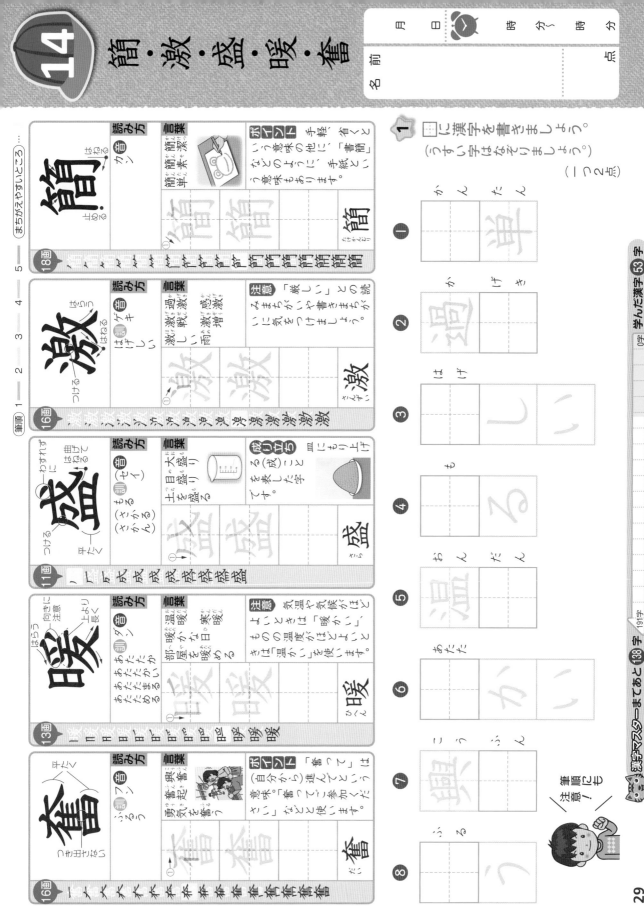

2 ――の漢字の読みがなを書きましょう。（一つ4点）

✦…まちがえやすい漢字

1. 暖かな季節。（　　）
2. 簡潔に内容を話す。（　　）
3. ✦寒暖の差に注意する。（　　）
4. 過激な運動はしない。（　　）
5. ✦奮ってご参加ください。（　　）
6. 大盛りのカレー。（　　）
7. 風が激しさを増す。（　　）
8. 部屋《へや》が暖まる。（　　）
9. 奮起して行動する。（　　）
   奮起＝ふるい立つこと。
10. 観光客が激増する。（　　）

3 漢字を書きましょう。（〰〰は、漢字と送りがなで書きましょう。）（一つ4点）

1. □□（おんだん）な地域《ちいき》。
2. 勇気を□（ふる）う。
3. 室内を□（あたた）✦める。
4. 皿に野菜を□（も）る。
5. 連日、□□（げきせん）が続く。
6. いたって□□（かんたん）な作業だ。
7. 温度計の□□（めも）り。
8. □□（かんげき）と□□（こうふん）。
9. 日差しが✦□（〰あたたかい〰）。
10. □（〰はげしい〰）雨が降る。

漢字を知っトク！「はげしい雨」はどのくらいの雨のことかな。気象庁《きしょうちょう》によると，「バケツをひっくり返したように降る」と人がイメージする雨のことだって。

域・訪・諸・郷・盟

名前

月　日　時　分〜　時　分

点

筆順　1　2　3　4　5　まちがえやすいところ…

域（11画）

一 十 土 圷 圷 坷 坷 坷 域 域 域

わすれずに　曲げて　はねる　右上へ

読み方　音 イキ

言葉　海域《かいいき》　地域《ちいき》　領域《りょういき》　区域《くいき》　流域《りゅういき》

注意　右側の部分は点とはらいの画を忘《わす》れないようにしましょう。域

域　つちへん

訪（11画）

丶 亠 亠 言 言 言 言 訁 訪 訪 訪

たてに　はねる

読み方　音 ホウ　訓（おとずれる）たずねる

言葉　訪問《ほうもん》　来訪《らいほう》　家《いえ》を訪《たず》ねる

注意　「訪ねる」はよその家や土地へ行くこと。質問の意味の「たずねる」は別の字を書きます。

訪　ごんべん

諸（15画）

丶 亠 亠 言 言 言 言 訁 計 計 訬 諸 諸 諸 諸

つき出す　上より長く　はらう

読み方　音 ショ

言葉　諸国《しょこく》　諸説《しょせつ》　ハワイ諸島《しょとう》　諸条件《しょじょうけん》　諸問題《しょもんだい》

ポイント　「諸」は多くの、という意味。「諸島」は、一つではなくいくつかの島の集まりです。

諸　ごんべん

郷（11画）

く 乡 乡 纟 纟 绀 绀 绀 郷 郷 郷

つき出さない　二画で　はらう

読み方　音 キョウ（ゴウ）

言葉　帰郷《ききょう》　郷里《きょうり》　故郷《こきょう》　郷土《きょうど》

注意　左右の形のちがいに注意して書きましょう。郷

郷　おおざと

盟（13画）

丨 冂 月 日 日 明 明 明 盟 盟 盟 盟 盟

はねる　はらう　つき出す

読み方　音 メイ

言葉　加盟《かめい》　盟約《めいやく》　連盟《れんめい》　同盟《どうめい》

成り立ち　血を入れた皿をかわし、神の前でちかいをあきらか（明）にすることを表した字です。

盟　さら

1　□に漢字を書きましょう。（うすい字はなぞりましょう。）（一つ2点）

❶ 区《く》□《いき》

❷ 地《ち》□《いき》

❸ □《ほう》問《もん》

❹ □《たず》ねる

❺ □《しょ》国《こく》

❻ 故《こ》□《きょう》

❼ 加《か》□《めい》

❽ 連《れん》□《めい》

✦…まちがえやすい漢字

2 ――の漢字の読みがなを書きましょう。（一つ4点）

1 由来には 諸説 ある。（　　）
諸説＝いろいろな説。

2 友人が 来訪 する。（　　）
来訪＝人がたずねてくること。

3 団体に 加盟 する。（　　）

4 川の 流域 の様子。（　　）

5 正月に✦ 帰郷 する。（　　）

6 立ち入り禁止の 区域。（　　）

7 人が 訪 ねてくる。（　　）

8 夏に 郷里 に帰る。（　　）

9 二国が 盟約 を結ぶ。（　　）
盟約＝固い約束。

10 採用の✦ 諸条件。（　　）

3 漢字を書きましょう。（〰〰は、漢字と送りがなで書きましょう。）（一つ4点）

1 市の水泳 れんめい 。
れんめい＝おなじ目的のために力を合わせる約束をしたくにや人々の集まり。

2 アフリカ しょこく

3 父の✦ こきょう 。

4 ハワイ しょとう

5 ✦ほうもん 先の ちいき 。

6 しょもんだい に対処《たいしょ》する。

7 天文学の りょういき の話だ。

8 きょうど 料理を楽しむ。

9 どうめい を結ぶ。
どうめい＝おなじ目的のために力を合わせることを約束すること。

10 京都《きょうと》を たずねる 。

漢字を知っトク! 「郷」の部首は「阝」（おおざと）。主に，人の住む場所に関係する漢字に付く部首だよ。

16 確認《かくにん》テスト ３

名前　　月　日　●目標 15分　点

1 ――の漢字の読みがなを書きましょう。（一つ３点）

❶ 難しい本を読む。（　　）

❷ 役者の名演技に感激する。（　　）

❸ 茶わんにご飯を盛る。（　　）

❹ 地球温暖化の問題。（　　）

❺ 痛快なぼうけん小説。（　　）

❻ なつかしい故郷の風景。（　　）

❼ 友人の家を訪ねる。（　　）

❽ ストーブで部屋《へや》を暖める。（　　）

❾ 強敵のたおし方がわからず困る。（　　）（　　）

❿ 危険な行動をとって非難される。（　　）（　　）

2 ――の漢字の読みがなを書きましょう。（一つ３点）

❶ 軽傷で済《す》む。（　　）

❷ 傷口が深い。（　　）

❸ 気力を奮う。（　　）

❹ 接戦に興奮する。（　　）

漢字を知っトク！「非難」は相手の悪いところを責めてとがめること。「難」には欠点という意味があるよ。

3 漢字を書きましょう。（〰〰は、漢字と送りがなで書きましょう。）（一つ3点）

❶ うでが□《いた》い。

❷ 条約に□□《かめい》する。

❸ 才能を□□《はっき》する。

❹ 老人ホームを□□《ほうもん》する。

❺ □《はげ》しい運動。

❻ ヨーロッパ□□《しょこく》

❼ きれいな紙で□□《ほうそう》する。

❽ ここで遊ぶのは〰〰《あぶない》。

❾ 〰〰《あたたかい》□□《ちいき》で採れる作物。

❿ □□《しょうらい》は法律《ほうりつ》の□□□□《せんもんか》になりたい。

4 似た形の漢字を書きましょう。（一つ4点）

❶ □《こん》難な道。

❷ 事故の原□《いん》。

❸ 限られた期□《かん》。

❹ □《かん》素な食事。

漢字を知っトク! 「ほうもん」の「もん」と「せんもんか」の「もん」，形は似ているけれどちがう字を書くよ。気をつけよう。

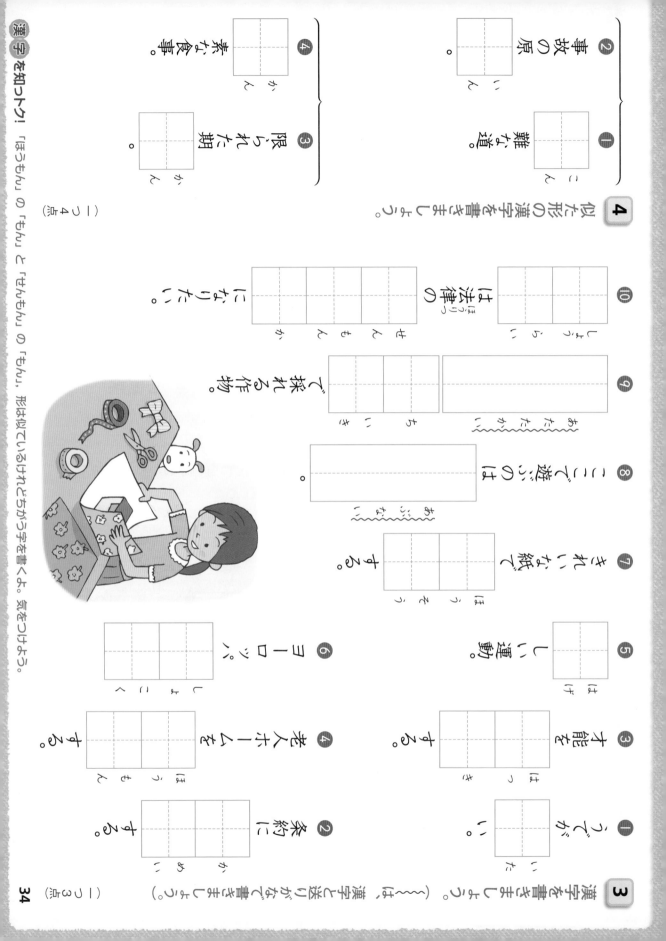

17 除・承・忘・障・操

名前　　月　日　時　分～　時　分　　点

筆順 1 2 3 4 5　まちがえやすいところ…

除（10画）

筆順：阝 阝 阝 阝 阝 除 除 除 除 除

二画で　つける　上より長く　はねる

読み方 音 ジョ（ジ）　訓 のぞく

言葉 除外《じょがい》　除去《じょきょ》　除雪《じょせつ》　除草《じょそう》　取《と》り除《のぞ》く

ポイント 取りのぞくという意味の他に、割る、わり算をするという意味もあります。

除　こざとへん

承（8画）

筆順：了 了 子 子 手 手 承 承

はねる

読み方 音 ショウ　訓（うけたまわる）

言葉 承知《しょうち》　承服《しょうふく》　伝承《でんしょう》

成り立ち ひざまずいている人と両手と手を合わせた字です。

承　て

忘（7画）

筆順：亠 亡 亡 忘 忘 忘 忘

たてに　位置に注意　つける　止める　曲げてはねる

読み方 音（ボウ）　訓 わすれる

言葉 かさを忘《わす》れる　忘《わす》れ物《もの》

ポイント 心の中にあったものが消えてなくなることを表します。

忘　こころ

障（14画）

筆順：阝 阝 阝 阝 阝 阝 阝 阝 阝 阝 阝 阝 障 障

たてに　折る　長く

読み方 音 ショウ

言葉 故障《こしょう》　障子紙《しょうじがみ》　保障《ほしょう》　障害《しょうがい》

注意 「保障」はわざわいから守ること。確かだとうけ合う意味の「保証」と使い分けましょう。

障　こざとへん

操（16画）

筆順：扌 扌 扌 扌 扌 扌 扌 扌 扌 扌 扌 扌 扌 操 操 操

小さめに　はねる

読み方 音 ソウ　訓（あやつる）

言葉 節操《せっそう》　操作《そうさ》　操縦《そうじゅう》　体操《たいそう》

注意 部首は「扌」（てへん）です。手であやつるからてへん、と覚えましょう。

操　てへん

1 □に漢字を書きましょう。（うすい字はなぞりましょう。）（一つ2点）

1. □去《じょきょ》
2. □《のぞ》く
3. 伝《でん》□《しょう》
4. □《わす》れる
5. 故《こ》□《しょう》
6. 保《ほ》□《しょう》
7. □《そう》作《さ》
8. 体《たい》□《そう》

止め・はねに注意！

漢字マスターまであと128字　191字　0字　学んだ漢字63字

✦…まちがえやすい漢字

2 ――の漢字の読みがなを書きましょう。（一つ4点）

1. ✦忘れ物をする。（　　）
2. それには承服できない。（　　）
   承服＝相手に言われたことに従《したが》うこと。
3. 対象から除外する。（　　）
4. ✦障子紙を張りかえる。（　　）
5. 参加を承知する。（　　）
6. 提案を承認《にん》する。（　　）
7. 市外の人は除く。（　　）
8. 車が故障する。（　　）
9. 除雪作業を行う。（　　）
10. ✦節操のない人。（　　）
    節操＝心に決めたことをかたく守って変えないこと。

3 漢字を書きましょう。（〰〰は、漢字と送りがなで書きましょう。）（一つ4点）

1. 機械を自由に［そうさ］する。
2. よごれを［じょきょ］する。
3. ✦安全を［ほしょう］する。
4. ラジオ［たいそう］
5. 庭の［じょそう］。
6. 飛行機を［そう］縦《じゅう》する。
7. 仕事に［ししょう］が出る。
   ししょう＝物事を進めるうえで、具合の悪いこと。
8. 昔話を［でんしょう］する。
9. ［しょうがい］を取り［のぞ］く。
10. かさを［わすれる］。

漢字を知っトク！　車や電車を動かすことを「運転」というね。「そう縦《じゅう》」は，特に，飛行機の運転をするときに使うことが多いよ。

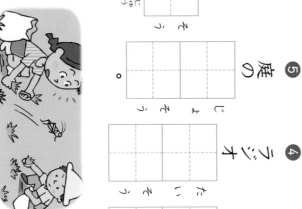

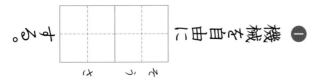

18 株・値・銭・賃・済

名前　　　点
月　日　時　分～　時　分

筆順 1 2 3 4 5　まちがえやすいところ…

株（10画）
出すつき　上より長く　はらう　止める
一 十 オ 木 木 朴 朴 杵 株 株
読み方 訓 かぶ
言葉 株式会社《かぶしきがいしゃ》　株分《かぶわ》け　切《き》り株《かぶ》

成り立ち 「木」と「朱」を合わせて、木の切りかぶ（木の根元）を表した字です。
株　きへん

値（10画）
つける　止める　折る
ノ イ 亻 什 什 佔 佰 値 値 値
読み方 音 チ　訓 ね（あたい）
言葉 価値《かち》　値打《ねう》ち　値札《ねふだ》　数値《すうち》　値段《ねだん》
ポイント 「値段」と似た意味の言葉に、「価格」があります。

値　にんべん

銭（14画）
わすれずに　はねる　右上へ
ノ 𠂉 亼 牟 余 金 金 金 釒 鉄 鉄 銭 銭 銭
読み方 音 セン　訓（ぜに）
言葉 金銭《きんせん》　銭湯《せんとう》　銅銭《どうせん》　古銭《こせん》　つり銭《せん》
ポイント 「銭」はお金の単位で、一円の百分の一を表します。

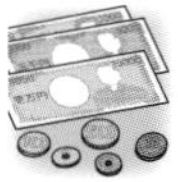

銭　かねへん

賃（13画）
はらう　短く　折る　止める
ノ イ 亻 仁 仟 任 任 赁 侸 賃 賃 賃 賃
読み方 音 チン
言葉 運賃《うんちん》　賃金《ちんぎん》　家賃《やちん》　賃上《ちんあ》げ　電車賃《でんしゃちん》
注意 形の似た字に「貸」があるので区別して書きましょう。

賃　かい こがい

済（11画）
たてに　つける　横画は二本
、 、 氵 氵 汶 浐 浐 浐 済 済 済
読み方 音 サイ　訓 すむ　すます
言葉 救済《きゅうさい》　返済《へんさい》　用事《ようじ》が済《す》む　経済《けいざい》
注意 物事が終わるときは「済む」、その場で生活するときは「住む」を使います。
済　さんずい

1 □に漢字を書きましょう。（うすい字はなぞりましょう。）（一つ2点）

❶ 切《き》り□《かぶ》
❷ 価《か》□《ち》
❸ □《ね》打《う》ち
❹ □《せん》湯《とう》
❺ □《ちん》金《ぎん》
❻ 経《けい》□《ざい》
❼ □《す》む
❽ □《す》ます

漢字マスターまであと123字　191字　0字　学んだ漢字68字

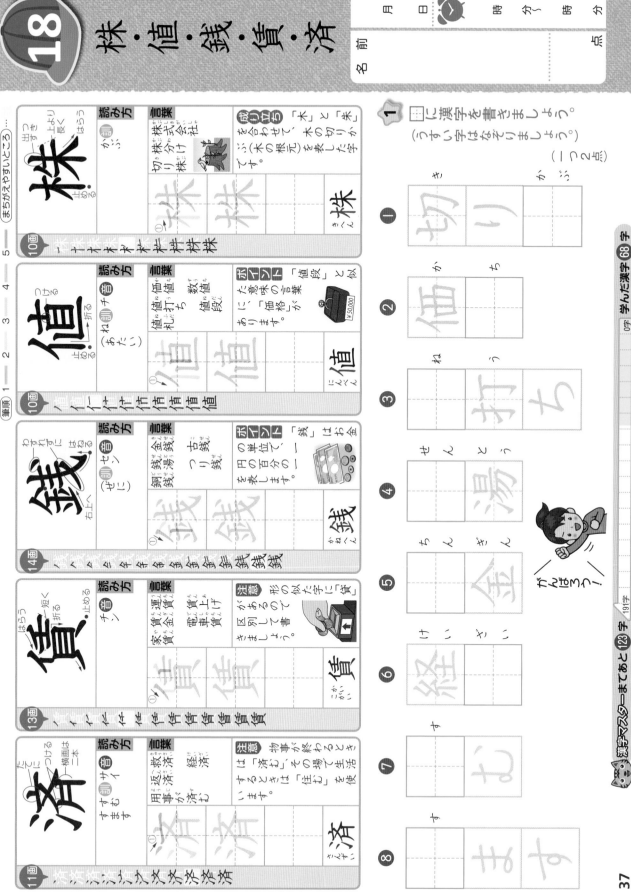

✦…まちがえやすい漢字

2 ――の漢字の読みがなを書きましょう。（一つ4点）

❶ 話が済む。（　　）
❷ つり銭をわたす。（　　）
❸ 植木を株分けする。（　　）
株分け＝植物の根を親株から分けて植えること。
❹ 家賃をはらう。（　　）
❺ 果物《くだもの》の値段《だん》。（　　）
❻ ✦ 救済の手を差しのべる。（　　）
❼ 目標を数値で表す。（　　）
❽ 経済の発展。（　　）
❾ ✦ 値打ちのある品。（　　）
❿ 金銭のやりとり。（　　）

3 漢字を書きましょう。（〰〰は、漢字と送りがなで書きましょう。）（一つ4点）

❶ ✦ かち が高い。
❷ ちんぎん が上がる。
❸ ねふだ を見る。
❹ かぶしき 会社
❺ でんしゃちん
❻ ✦ へんさい の期日。
❼ 木の切り かぶ 。
❽ ✦ せんとう に通う。
❾ うんちん の ねあ げ。
❿ 宿題を すます 。

漢字を知っトク! 「かぶしき会社」は大勢の人からお金を集めて仕事をする会社のこと。お金を集めるために会社が買ってもらう券《けん》を「かぶ券」というよ。

19 映・券・劇・幕・俳

名前

月　日　時　分～　時　分

点

筆順 1 2 3 4 5　まちがえやすいところ…

映（9画）

つき出す　少しつき出す　はらう

読み方　音 エイ　訓 うつる　うつす　（はえる）

言葉　映画《えいが》　映像《えいぞう》　鏡《かがみ》に映《うつ》る　映《うつ》し出《だ》す

ポイント　「映像」「映画」など、物をうつし出す意味で使います。

映　ひへん

券（8画）

つき出す　つき出さない　はねる

読み方　音 ケン

言葉　乗車券《じょうしゃけん》　食券《しょっけん》　定期券《ていきけん》　入場券《にゅうじょうけん》　前《まえ》売り券《けん》

注意　つき出す画、つき出さない画に注意しましょう。

券　かたな

劇（15画）

つき出さない　はらう　はねる

読み方　音 ゲキ

言葉　演劇《えんげき》　劇団《げきだん》　時代劇《じだいげき》　悲劇《ひげき》

ポイント　しばいという意味の他に、「劇薬」のように、激しいという意味でも使います。

劇　りっとう

幕（13画）

つき出す　はらう　はねる

読み方　音 マク　バク

言葉　開幕《かいまく》　字幕《じまく》　ぶたいの幕《まく》　幕府《ばくふ》　幕末《ばくまつ》

ポイント　昔、将軍が政治を行った所という意味で使うときは「バク」と読みます。

幕　はば

俳（10画）

止める　はらう

読み方　音 ハイ

言葉　俳句《はいく》　俳人《はいじん》　俳優《はいゆう》

ポイント　「俳句」は五音・七音・五音の十七音から成る短い詩のことです。

俳　にんべん

1 □に漢字を書きましょう。（うすい字はなぞりましょう。）（一つ2点）

❶ □《えい》画《が》

❷ □《うつ》る

❸ □《うつ》す

❹ 定《てい》期《き》□《けん》

❺ 演《えん》□《げき》

❻ 開《かい》□《まく》

❼ □《ばく》府《ふ》

❽ □《はい》句《く》

✦…まちがえやすい漢字

2 ――の漢字の読みがなを書きましょう。（一つ4点）

❶ 画面に 映 し出す。（　　）

❷ 俳人 の松尾芭蕉《まつおばしょう》。（　　）
俳人＝はいくを作る人。

❸ 時代劇 を見る。（　　）

❹ 野生動物の✦映像。（　　）

❺ 劇団 によるしばい。（　　）

❻ プロ野球が 開幕 する。（　　）

❼ 展覧会の前売り 券。（　　）

❽ 俳優 がぶたいに立つ。（　　）

❾ ✦幕末 の歴史を学ぶ。（　　）
幕末＝江戸《えど》時代の終わりごろ。

❿ 入場券 を手に入れる。（　　）

3 漢字を書きましょう。（〰〰は、漢字と送りがなで書きましょう。）（一つ4点）

❶ バスの［　　　　］《じょうしゃけん》。

❷ ✦［　］《まく》が下りる。

❸ 湖面に月が✦［　］《うつ》る。

❹ ［　　］《はいく》をよむ。

❺ ［　　］《えんげき》の台本。

❻ ［　　　］《ていきけん》を買う。

❼ 江戸［　　］《ばくふ》の将軍。

❽ ［　　］《ひげき》が起こる。

❾ ［　　］《えいが》の［　　］《じまく》。

❿ 鏡に［　　］《うつす》。

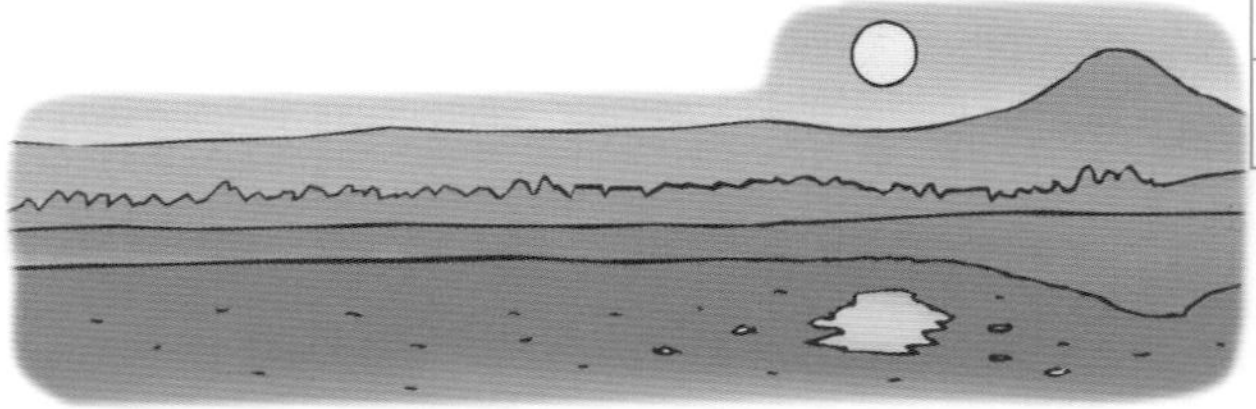

漢字を知っトク! 「うつる」は，他の物の表面に現れるときは「映る」，写真にとられるときは「写る」，場所が変わるときは「移る」を使うよ。

善・恩・仁・忠・孝

月　日　時　分〜　時　分

名前

点

筆順 1 2 3 4 5 … まちがえやすいところ

善

つき出さない
いちばん長く

読み方 訓 よい　音 ゼン

言葉 改善《かいぜん》　善悪《ぜんあく》　善《よ》い行《おこな》い　親善《しんぜん》　善意《ぜんい》

ポイント 「善い」は「善い行い」のように、人として正しいという意味のときに使います。

善　くち

12画

恩

折る
曲げて
はねる
止める

読み方 音 オン

言葉 恩返《おんがえ》し　恩知《おんし》らず　恩師《おんし》　恩人《おんじん》

ポイント 人から受けた情けを意味します。「心」はこころや精神に関係のある字に付きます。

恩　こころ

10画

仁

上より長く
止める

読み方 音 ジン　（ニ）

言葉 仁愛《じんあい》　仁義《じんぎ》　仁術《じんじゅつ》

成り立ち 「人」（亻）と「二」で、人が人を思いやる心を表した字。

仁　にんべん

4画

忠

折る
曲げて
はねる
止める

読み方 音 チュウ

言葉 忠告《ちゅうこく》　忠臣《ちゅうしん》　忠誠《ちゅうせい》　忠実《ちゅうじつ》

成り立ち 心のまんなか（中）のまごころを表した字。

忠　こころ

8画

孝

長く
はねる
はらう

読み方 音 コウ

言葉 親孝行《おやこうこう》　孝行《こうこう》　忠孝《ちゅうこう》　不孝《ふこう》

注意 読みが同じで形の似た字に「考」があるので注意しましょう。

孝　こ

7画

1 □に漢字を書きましょう。（うすい字はなぞりましょう。）（一つ2点）

1. 改《かい》□《ぜん》
2. □《ぜん》悪《あく》
3. □《よ》い
4. □《おん》人《じん》
5. □《じん》愛《あい》
6. □《ちゅう》告《こく》
7. □《ちゅう》臣《しん》
8. □《こう》行《こう》

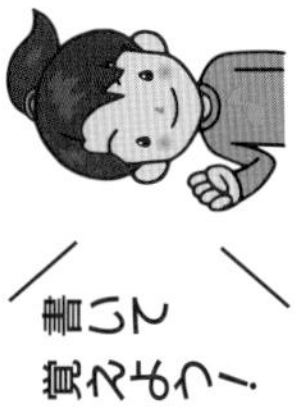

✦…まちがえやすい漢字

2 ――の漢字の読みがなを書きましょう。（一つ4点）

1 善悪を判断する。（　　）

2 忠犬といわれる犬。（　　）

3 恩義にむくいる。（　　）
恩義＝人として返す必要のある恩。

4 仁義を守る。（　　）
仁義＝いつくしみの心と人の行うべき筋道《すじみち》。

5 善い行いをする。（　　）

6 親不孝な息子《むすこ》。（　　）

7 せめてもの恩返しをする。（　　）

8 医は仁術✦なり（　　）
医は仁術なり＝医術は人を思いやる心で行うもので
あるということ。

9 親善試合が行われる。（　　）

10 ✦忠孝の教え。（　　）
忠孝＝主君に心からつくすことと親を大切にすること。

3 漢字を書きましょう。（〰〰は、漢字と送りがなで書きましょう。）（一つ4点）

1 ［　　］《じんあい》の心。
じんあい＝思いやり。情け。

2 原書に［　　］《ちゅうじつ》な映画だ。
ちゅうじつ＝そっくりそのとおりにするさま。

3 生活を［　　］《かいぜん》する。

4 徳川《とくがわ》家の✦［　　］《ちゅうしん》。
ちゅうしん＝主君に真心をつくして仕える家来。

5 ［　　］《ぜんい》によって救われる。

6 命の［　　］《おんじん》。

7 ［　　］《ぜん》は急げ
ぜんは急げ＝よいことは、思いついたらすぐに行えということわざ。

8 誠実な［　　］《こうこう》息子。

9 ［　　］《おんし》の［　　］《ちゅうこく》。

10 ✦［　　］《よい》行いにはげむ。

漢字を知っトク! 「仁」は，昔の中国で生まれた学問「儒学《じゅがく》」の教えの一つで，「思いやりの心」を説いたものだよ。

21 確認《かくにん》テスト 4

名前　　月　日　点
目標 15分

1 ──の漢字の読みがなを書きましょう。（一つ3点）

❶ 切り 株 にすわる。（　　）
❷ 体質を 改善 する。（　　）
❸ 商品に 値札 を付ける。（　　）
❹ 王に 忠誠 をつくす。（　　）
❺ 価値 のある作品。（　　）
❻ 仁愛 の心をもつ。（　　）
❼ 賃上 げを要求する。（　　）
賃上げ＝賃金を上げること。
❽ 不純物を 除去 する。（　　）
❾ 故障 したテレビの 操作 を確かめる。（　　）（　　）
❿ 有名な 俳優 が 恩師 とテレビ出演する。（　　）（　　）

2 ──の漢字の読みがなを書きましょう。（一つ3点）

❶ 家の改築が 済 む。（　　）
❷ 借金を 返済 する。（　　）
❸ 芸術祭が 開幕 する。（　　）
❹ 鎌倉《かまくら》 幕府 の成立。（　　）

 漢字を知っトク！ 「済む」を使った慣用句には，「気が済む」（満足して気持ちがおさまる）などがあるよ。

3 漢字を書きましょう。（〰〰は、漢字と送りがなで書きましょう。）（一つ3点）

1 [　]《ねう》ちのある本。

2 [　]《きんせん》を支はらう。

3 レジで[　]《しょっけん》を買う。

4 文化を[　]《でんしょう》する。

5 覚えたことを[　]《わす》れる。

6 日本[　]《けいざい》の見通し。

7 輸送に[　]《うんちん》がかかる。

8 不要な物を[　]《のぞく》。

9 色合いが[　]《ちゅうじつ》に再現された[　]《えいぞう》。

10 [　]《げき》で[　]《おやこうこう》な子供《こども》の役を演じる。

4 同じ読み方をする漢字を書きましょう。（一つ4点）

1 鏡に姿《すがた》を[　]《うつ》す。

2 答えをノートに[　]《うつ》す。

3 [　]《よ》い成績を取る。

4 [　]《よ》い行いをする。

漢字を知っトク！ 「ねうち」の「ね」は物のねだんという意味。「ねが張る」（ねだんが高い），「ね上げ」などの言葉にも使われているね。

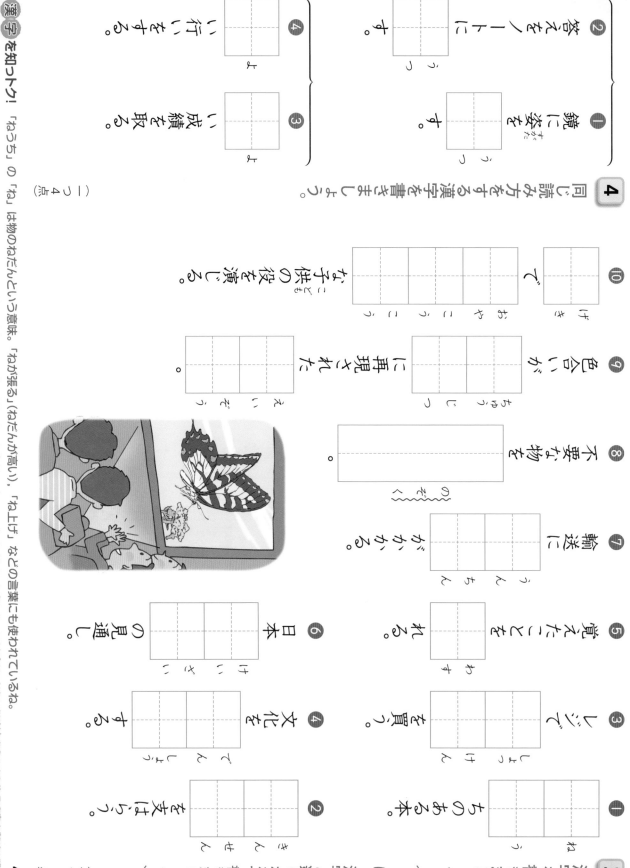

22 干・砂・沿・潮・蒸

名前　　月　日　時　分～　時　分　　点

筆順 1 2 3 4 5 まちがえやすいところ…

干（3画）
一 二 干

つき出さない　上より長く

読み方　音 カン　訓 ほす （ひる）

言葉　干害《かんがい》　干《かん》たく　梅干《うめぼ》し　シャツを干《ほ》す

注意　形の似た字に「千」があります。上の横画に注意しましょう。　干 千

干（かん・いちじゅう）

砂（9画）
一 ア 不 石 石 矴 矴 砂 砂

止める　長く はらう

読み方　音 サ （シャ）　訓 すな

言葉　砂鉄《さてつ》　砂糖《さとう》　砂地《すなじ》　砂場《すなば》　砂《すな》はま

成り立ち　「石」と「少」（細かい）を合わせてできた字です。

砂（いしへん）

沿（8画）
沿 沿 沿 沿 氵 沿 沿 沿

あける　はらう　折る

読み方　音 エン　訓 そう

言葉　沿海《えんかい》　沿岸《えんがん》　沿線《えんせん》　沿道《えんどう》　国道沿《こくどうぞ》い

ポイント　川や道、線路など、長く続いているものからはなれないという意味です。

沿（さんずい）

潮（15画）
潮 潮 潮 潮 氵 氵 汁 汁 沽 沽 渞 淖 潮 潮 潮

はねる　はらう

読み方　音 チョウ　訓 しお

言葉　干潮《かんちょう》　最高潮《さいこうちょう》　親潮《おやしお》　潮風《しおかぜ》　満《み》ち潮《しお》

注意　海の水を指すときは「潮」、海水にふくまれる白くてしょっぱい物質を指すときは「塩」です。

潮（さんずい）

蒸（13画）
一 艹 艹 艹 芓 芓 茅 茅 茅 荥 蒸 蒸 蒸

点の向きに注意　はらう　わすれずに

読み方　音 ジョウ　訓 （むす） （むれる） （むらす）

言葉　蒸気《じょうき》　蒸発《じょうはつ》　蒸留水《じょうりゅうすい》

注意　まんなかの「丞」を「水」と書かないようにしましょう。　蒸

蒸（くさかんむり）

1 □に漢字を書きましょう。（うすい字はなぞりましょう。）（一つ2点）

1. ほ　す
2. さ　糖（とう）
3. すな　場（ば）
4. えん　岸（がん）
5. そ　う
6. かん　ちょう
7. み　満ち　しお
8. じょう　気（き）

二つの読み方を覚えよう！

✦…まちがえやすい漢字

2 ――の漢字の読みがなを書きましょう。（一つ4点）

① 砂はまを歩く。（　）

② 沿道にさく花。（　）

③ 祭りは最高潮に達する。（　）
最高潮＝感情や状態が最も盛り上がるとき。

④ 沿海で漁業を行う。（　）
沿海＝陸地にそった海。

⑤ 満ち潮になる。（　）

⑥ 紅茶に砂糖《とう》を入れる。（　）

⑦ ✦梅干しのおにぎり。（　）

⑧ ✦国道沿いの店。（　）

⑨ 水が蒸発する。（　）

⑩ 湖を干たくする。（　）
干たく＝湖や海辺などの水を除いて田畑にすること。

3 漢字を書きましょう。（〰〰は、漢字と送りがなで書きましょう。）（一つ4点）

① かんちょう 時刻《じこく》のはまべ。
かんちょう＝海水がひき、一日のうちで海面が最も低い状態。

② えんせん に広がる住宅《じゅうたく》地。
えんせん＝せんろにそった所。

③ しおかぜ がふく。

④ すなば で遊ぶ。

⑤ じょうき 機関車に乗る。

⑥ ✦かんがい に苦しむ農家。
かんがい＝日照りによる農作物などのひがい。

⑦ さてつ がとれる川。

⑧ えんがん の✦しお の流れ。

⑨ シャツを ほす 。

⑩ 川に そう 道。

漢字を知っトク！「えんがん」には，川や海などにそった陸地という意味と，陸地に近い川や海，湖という意味の，二つの意味があるよ。

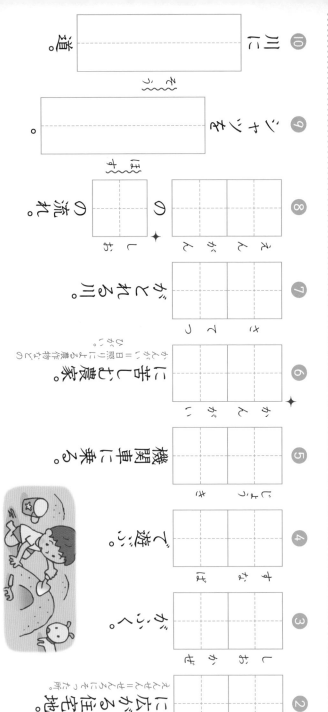

23 担・勤・従・就・机

月　日　時　分～　時　分

名前　　点

筆順 1 2 3 4 5　まちがえやすいところ…

担（8画）

一 十 扌 扌 扣 扣 担 担

あける　わすれずに　はねる

読み方 音 タン

言葉 担当《たんとう》　負担《ふたん》　分担《ぶんたん》　担任《たんにん》

注意 最後の横画を忘れないようにしましょう。

担　てへん　担

勤（12画）

一 十 廾 廾 廾 廿 苩 革 莗 堇 勤 勤

つき出す　つき出さない　はねる　右上へ

読み方 音 キン　訓 つとめる　つとまる

言葉 勤勉《きんべん》　勤務《きんむ》　出勤《しゅっきん》　通勤《つうきん》　会社《かいしゃ》に勤《つと》める

注意 「勤勉」は仕事や勉強に一心にはげむこと。勉強につとめるという意味ではないことに注意。

ちから　勤

従（10画）

ノ ㇰ 彳 彳 彴 彴 従 従 従 従

止める　はらう

読み方 音 ジュウ　訓 したがう　したがえる

言葉 従業員《じゅうぎょういん》　従順《じゅうじゅん》　従来《じゅうらい》　指示《しじ》に従《したが》う

注意 送りがなを「従がう」としないように気をつけましょう。

ぎょうにんべん　従

就（12画）

丶 亠 亠 亡 亨 亨 京 京 京 就 就 就

たてに　わすれずに　曲げて　はねる

読み方 音 シュウ　訓 （つく）　（つける）

言葉 就学《しゅうがく》　就職《しゅうしょく》　就任《しゅうにん》

注意 右側の「尤」を「犬」と書かないようにしましょう。

就（×）

だいのまげあし　就

机（6画）

一 十 才 木 机 机

折る　止める　曲げて　はねる

読み方 音 （キ）　訓 つくえ

言葉 学習机《がくしゅうづくえ》　勉強机《べんきょうづくえ》　机の上《うえ》

成り立ち 「木」と「几」（つくえ）を合わせてできた字です。

きへん　机

1 □に漢字を書きましょう。（うすい字はなぞりましょう。）（一つ2点）

1. □当（たんとう）
2. □務（きんむ）
3. □める（つとめる）
4. □業員（じゅうぎょういん）
5. □う（したがう）
6. □える（したがえる）
7. □職（しゅうしょく）
8. 学習□（がくしゅうづくえ）

漢字マスターまであと 103 字　191字　0字　学んだ漢字 88 字

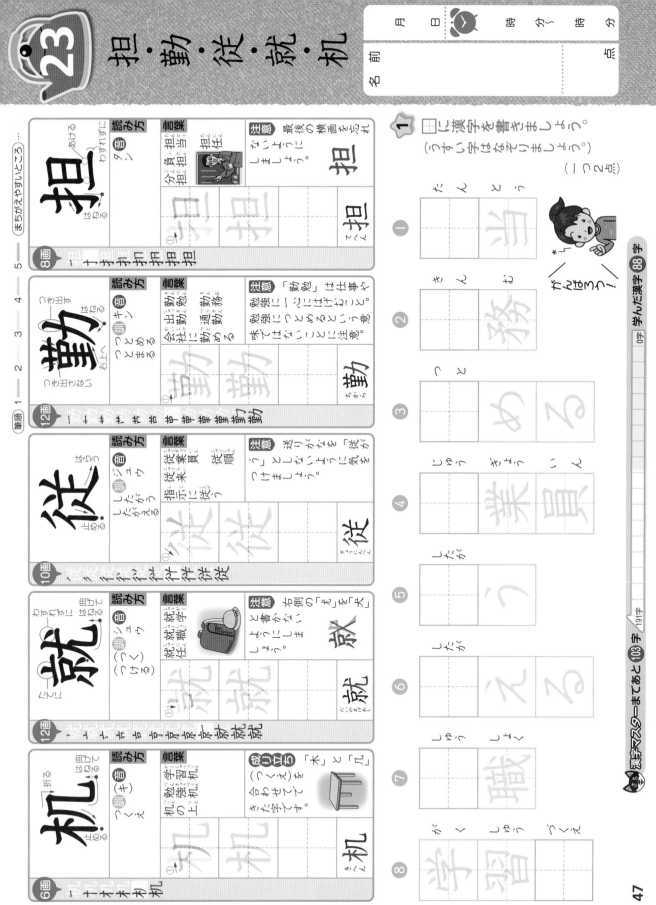

✦…まちがえやすい漢字

2 ——の漢字の読みがなを書きましょう。（一つ4点）

① 朝早く✦出勤する。（　）
② お供《とも》を従える。（　）
③ 小学校に就学する。（　）
④ 費用を負担する。（　）
⑤ 一人《ひとり》で勤まる仕事だ。（　）
⑥ 司会を担当する。（　）
⑦ ✦従来のやり方で行う。（　）
従来＝これまで。
⑧ 勤勉で真面目《まじめ》な人。（　）
⑨ 就業時間を守る。（　）
就業＝業むにつくこと。
⑩ 新しい学習机。（　）

3 漢字を書きましょう。（〰〰は、漢字と送りがなで書きましょう。）（一つ4点）

① 役割を《ぶんたん》する。
② 工場に《きんむ》する。
③ 《じゅうじゅん》な犬。
じゅうじゅん＝すなおで、逆らわないこと。
④ 《つうきん》電車
⑤ 大臣に✦《しゅうにん》する。
⑥ 店の《じゅうぎょういん》。
⑦ 役所に《しゅうしょく》する。
⑧ 《たんにん》の先生の《つくえ》。
⑨ 会社に✦《つとめる》。
⑩ 指示に《したがう》。

漢字を知っトク! 「つとめる」は，仕事場で働くときは「勤める」，役目を受けもつときは「務める」，努力するときは「努める」を使うよ。

24 頂・泉・処・源・穴

筆順 1 2 3 4 5 まちがえやすいところ…

頂（11画）
一 丁 丁 丌 丌 丙 䀠 頂 頂 頂 頂

つき出さない　ななめに　はねる　止める

読み方 音 チョウ　訓 いただく　いただき

言葉 山頂《さんちょう》　頂上《ちょうじょう》　雪《ゆき》を頂《いただ》く　山《やま》の頂《いただき》

ポイント 「頂く」は「もらう」「食べる」「飲む」などのていねいな言い方としても使われます。

頂 おおがい

泉（9画）
ノ 卜 白 白 白 宇 身 泉 泉

ななめに　折ってはらう　はねる

読み方 音 セン　訓 いずみ

言葉 温泉《おんせん》　鉱泉《こうせん》　泉《いずみ》の水《みず》

成り立ち まるい穴（岩の間）から水がわき出る姿《すがた》からできた字です。

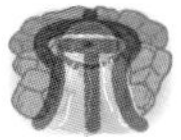

泉 みず

処（5画）
ノ ク 夂 処 処

つき出さない　折る　曲げてはねる

読み方 音 ショ

言葉 処置《しょち》　処理《しょり》　対処《たいしょ》　処分《しょぶん》

注意 左側の「夂」を「夊」と書かないようにしましょう。

×処

処 つくえ

源（13画）
丶 丶 氵 氵 汇 汇 沥 沥 沥 源 源 源 源

はねる　止める

読み方 音 ゲン　訓 みなもと

言葉 源泉《げんせん》　資源《しげん》　水源《すいげん》　電源《でんげん》　生命《せいめい》の源《みなもと》

成り立ち みなもとを意味する「原」に「氵」を付けて、水のみなもとを表した字です。

源 さんずい

穴（5画）
丶 丶 宀 穴 穴

あける　はらう

読み方 音 （ケツ）　訓 あな

言葉 穴《あな》が空《あ》く　落《お》とし穴《あな》　横穴《よこあな》

成り立ち 「宀」と「八」で、あなをほって作った住居を表します。

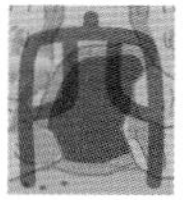

穴 あな

---

1 □に漢字を書きましょう。（うすい字はなぞりましょう。）（一つ2点）

① ちょう　じょう（上）
② いただ（く）
③ おん（温）　せん
④ いずみ
⑤ しょ　り（理）
⑥ し（資）　げん
⑦ みなもと
⑧ よこ（横）　あな

名前　月　日　時　分～　時　分　点

漢字マスターまであと98字　191字　0字　学んだ漢字93字

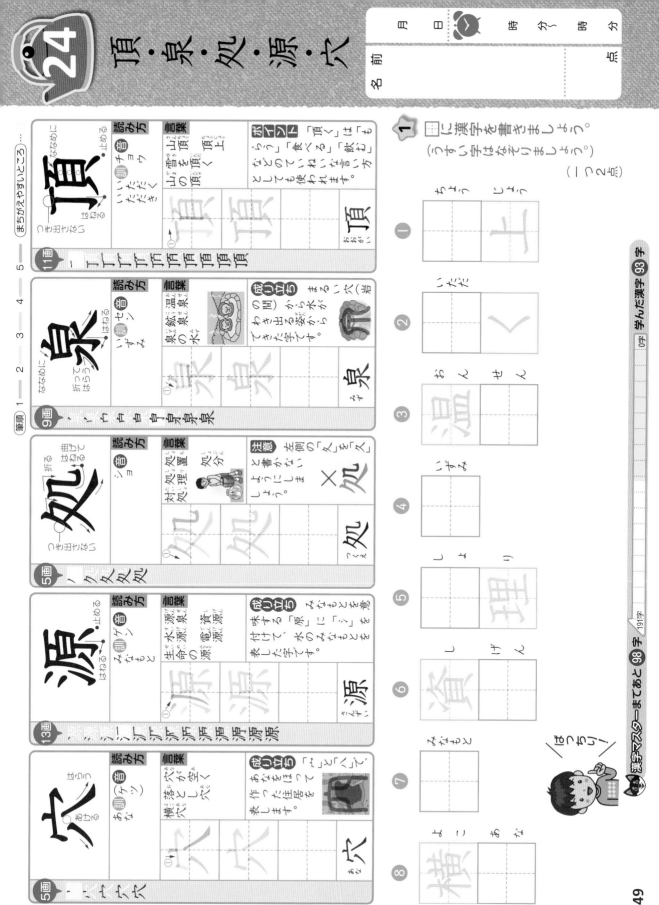

2 ──の漢字の読みがなを書きましょう。（一つ4点）

① 山の✦頂に雲がかかる。（　　）
② 深い✦穴に車がはまる。（　　）
③ 泉の水を飲む。（　　）
④ 応急処置をする。（　　）
応急処置＝急場にとりあえず行う処置。
⑤ 頂上にたどり着く。（　　）
⑥ 源泉のある観光地。（　　）
源泉＝水やおんせんなどのわき出る所。
⑦ 適切に対処する。（　　）
⑧ 文化の源をさぐる。（　　）
⑨ 雪を頂いた山々。（　　）
雪を頂く＝雪をかぶる。
⑩ 鉱泉がわく。（　　）
鉱泉＝鉱物性の物質をたくさんふくんだわき水。

3 漢字を書きましょう。（〰〰は、漢字と送りがなで書きましょう。）（一つ4点）

① ✦□□（しげん）を利用する。
② 古い家具を□□（しょぶん）する。
③ □□（よこあな）をほる。
④ 命の□（みなもと）。
⑤ 森の中の□（いずみ）。
⑥ 富士山《ふじさん》の□（いただき）に立つ。
⑦ □□（でんげん）を切る。
⑧ □□（さんちょう）の□□（おんせん）。
⑨ 情報を□□（しょり）する。
⑩ おかしを✦□（いただく）。

漢字を知っトク! 「いただく」は，「聞いていただく」のように「〜てもらう」のていねいな言い方を表すよ。この場合はふつう，平がなで書くよ。

25 供・宝・聖・宗・拝

名前　　点
月　日　時　分～　時　分

筆順 1 2 3 4 5　まちがえやすいところ…

供（8画）

ノ 亻 仁 什 仕 供 供 供

供（上より長く／はらう／止める）

読み方　音 キョウ　訓 そなえる／とも

言葉　供給《きょうきゅう》　提供《ていきょう》　供え物《そなえもの》　子供《こども》

注意　神や仏に物をささげるときは「供える」、前もって用意するときは「備える」を使います。

にんべん　供

宝（8画）

丶 丶 宀 宀 宁 宇 宝 宝

宝（わすれずに／いちばん長く）

読み方　音 ホウ　訓 たから

言葉　国宝《こくほう》　財宝《ざいほう》　宝石《ほうせき》　宝探し《たからさがし》　宝物《たからもの》

注意　最後に点を打つのを忘れないようにしましょう。　宝

うかんむり　宝

聖（13画）

一 𠂇 ｢ 𦣝 耳 耳 耳｢ 耶 耶 聖 聖 聖 聖

聖（つき出さない／右上へ／長く）

読み方　音 セイ

言葉　神聖《しんせい》　聖火《せいか》　聖者《せいじゃ》　聖書《せいしょ》　聖人《せいじん》　聖地《せいち》

注意　部首は「王」（おう）ではなく、「耳」（みみ）です。同じ部首の漢字に「聞」「耳」があります。

みみ　聖

宗（8画）

丶 丶 宀 宀 宁 宇 宗 宗

宗（長く／はらう／止める／はねる）

読み方　音 シュウ（ソウ）

言葉　改宗《かいしゅう》　宗教《しゅうきょう》　宗派《しゅうは》

成り立ち　「宀」（屋根）と「示」（神をまつる祭だん）を合わせた字です。

うかんむり　宗

拝（8画）

一 † 扌 扌 扌 扌 扌 拝

拝（横画は四本／いちばん長く／はねる）

読み方　音 ハイ　訓 おがむ

言葉　参拝《さんぱい》　拝見《はいけん》　拝借《はいしゃく》　拝読《はいどく》　地蔵《じぞう》を拝《おが》む

注意　右側の横画の数は四本です。　拝

てへん　拝

1 □に漢字を書きましょう。（うすい字はなぞりましょう。）（一つ2点）

① □給《きょうきゅう》

② 子□《こども》

③ □石《ほうせき》

④ □物《たからもの》

⑤ □書《せいしょ》

⑥ □教《しゅうきょう》

⑦ 参□《さんぱい》

⑧ □む《おがむ》

漢字マスターまであと 93 字　191字　0字　学んだ漢字 98 字

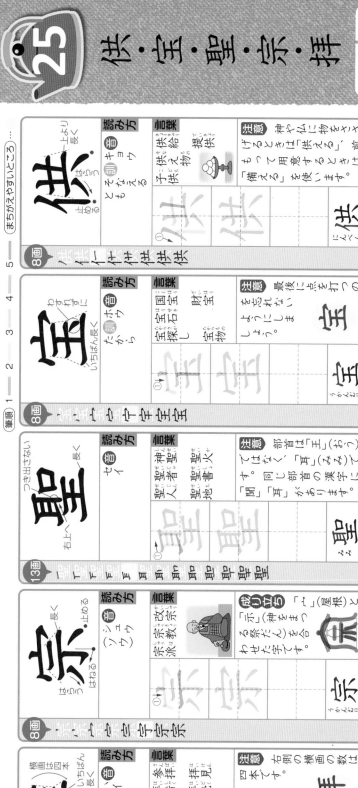

✦…まちがえやすい漢字

2 ――の漢字の読みがなを書きましょう。（一つ4点）

① 初日《はつひ》を拝みに行く。（　　）

② 聖書を読む。（　　）

③ お供え物の団子。（　　）

④ 宝探しのゲーム。（　　）

⑤ 父の✦供をする。（　　）

⑥ 写真を✦拝見する。（　　）

⑦ 寺の宗派《は》を知る。（　　）

⑧ エネルギーの供給。（　　）

⑨ 神聖なぎしき。（　　）
神聖＝清らかでけがれのないこと。

⑩ ✦財宝を手に入れる。（　　）

3 漢字を書きましょう。（〰〰は、漢字と送りがなで書きましょう。）（一つ4点）

① ［　　］《こども》用の服。

② ✦［　　］《せいか》リレー

③ 赤い［　　］《ほうせき》。

④ ペンを［　　］《はいしゃく》する。

⑤ サービスを［　　］《ていきょう》する。

⑥ 神社に［　　］《さんぱい》する。

⑦ 私《わたし》の［　　］《たからもの》を見せる。

⑧ ［　　］《しゅうきょう》の［　　］《せいち》。
せいち＝しんせいな所。

⑨ 花を✦［　　］《そなえる》。

⑩ 仏を［　　］《おがむ》。

漢字を知っトク！「せいか」には，「青果」「成果」「生家」など，同じ読み方の言葉がたくさんあるよ。注意して書こう。

26 確認《かくにん》テスト 5

名前

月　日

目標 15分

点

1 ――の漢字の読みがなを書きましょう。（一つ3点）

❶ 磁石《じしゃく》で 砂鉄 を集める。（　　）

❷ かべに 穴 が空く。（　　）

❸ 従業員 として働く。（　　）

❹ 蒸留水 を作る。（　　）

❺ 地元の会社に 就職 する。（　　）

❻ 食事が元気の 源 だ。（　　）

❼ 改宗 して仏教徒になる。（　　）

❽ 本を 机 の上に置く。（　　）

❾ 山頂 の寺に 参拝 する。（　　）（　　）

❿ 国宝 を有する神社が 沿線 に二つある。（　　）（　　）

2 ――の漢字の読みがなを書きましょう。（一つ3点）

❶ 親潮 の流れ。（　　）

親潮＝日本《にほん》列島の東海岸に沿って北から南に流れる海流。

❷ 干潮 の時刻《じこく》。（　　）

❸ 子供 と大人《おとな》。（　　）

❹ 休けい場所を 提供 する。（　　）

漢字を知っトク!　「穴」は，「穴のあくほど見つめる」のように，じっと見つめる様子を表すときにも使うよ。

3 漢字を書きましょう。（〰〰は、漢字と送りがなで書きましょう。）

（一つ3点）

❶ 小川に［　　］《そ》う遊歩道。

❷ 先祖の墓を［　　］《おが》む。

❸ キリスト教の［　　　　］《せいじゃ》。

❹ 洗たく物を［　　］《ほ》す。

❺ 川の［　　　　］《すいげん》を調べる。

❻ ［　　　　］《きんむ》時間を確かめる。

❼ 災害時の［　　　　　　］《たいしょほう》を学ぶ。

❽ 先生から手紙を［　　　　］《いただく》。

❾ ［　　　　］《すなじ》の中の大きな［　　］《いずみ》。

❿ ［　　　　］《たんにん》の先生の号令に［　　　　］《したがう》。

4 同じ読み方をする漢字を書きましょう。

（一つ4点）

❶ 病院に［　　］《つと》める。

❷ 主役を［　　］《つと》める。

❸ 試合に［　　］《そな》える。

❹ 仏だんに花を［　　］《そな》える。

漢字を知っトク！ 「いずみ」は，その水がわき出る様子から，「物事の生まれ出る場所」のたとえとしても使われるよ。 例 ちえのいずみ。

27 枚・巻・筋・層・乱

名前
月 日 時 分～ 時 分
点

枚（8画）

つける　止める　はらう

読み方 音 マイ

言葉 一枚《いちまい》　大枚《たいまい》　枚数《まいすう》

ポイント 「～枚」は、紙などのうすくて平たいものの数を数えるときに使います。

枚　きへん

巻（9画）

上より長く　あける　曲げてはねる

読み方 音 カン　訓 まく　まき

言葉 巻末《かんまつ》　上巻《じょうかん》　取り巻く　とらの巻《まき》

注意 下の部分を「已」と書かないようにしましょう。

×巻

巻　おのれ

筋（12画）

つき出す　はねる　はらう

読み方 音 キン　訓 すじ

言葉 筋肉《きんにく》　筋力《きんりょく》　鉄筋《てっきん》　腹筋《ふっきん》　筋道《すじみち》　筋《すじ》を通《とお》す

注意 竹のすじを表した字なので、部首は「月」ではなく、「⺮」です。

筋　たけかんむり

層（14画）

折る　はらう

読み方 音 ソウ

言葉 階層《かいそう》　客層《きゃくそう》　高層《こうそう》　地層《ちそう》　空気《くうき》の層

成り立ち 屋根（尸）の積み重なった（曽）建物を表した字です。

層　しかばね　かばね

乱（7画）

はらう　曲げてはねる

読み方 音 ラン　訓 みだれる　みだす

言葉 混乱《こんらん》　乱暴《らんぼう》　さき乱《みだ》れる　列《れつ》を乱《みだ》す

注意 右側の形に注意しましょう。七画目は曲げてはねます。

乱

乱　おつ

1 □に漢字を書きましょう。（うすい字はなぞりましょう。）（一つ2点）

① いちまい　一□
② かんまつ　□末
③ まく　□く
④ きんにく　□肉
⑤ すじみち　□道
⑥ ちそう　地□
⑦ こんらん　混□
⑧ みだれる　□れる

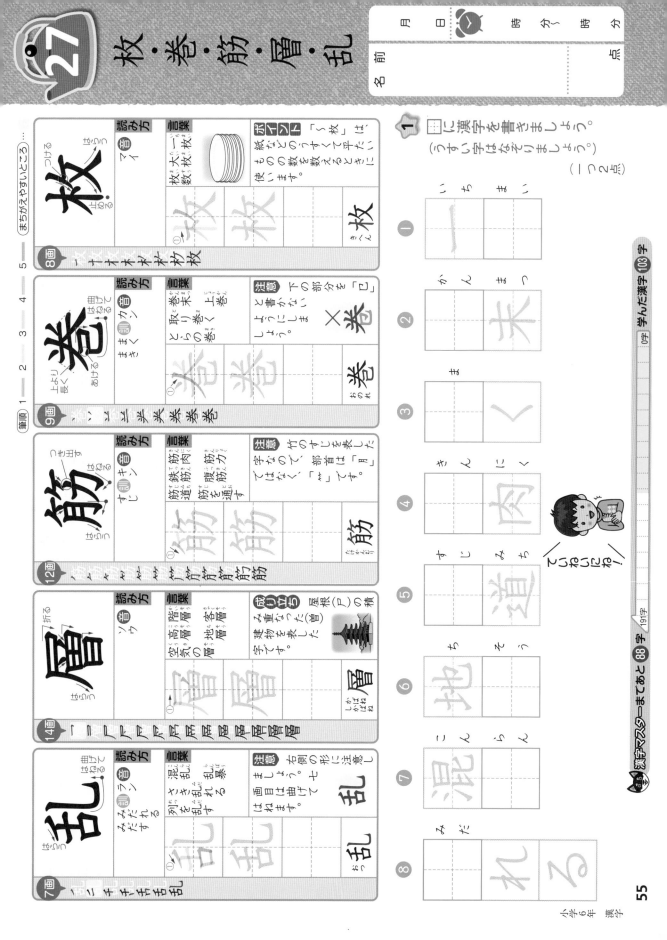

✦…まちがえやすい漢字

2 ──の漢字の読みがなを書きましょう。（一つ4点）

① 筋道✦を追って話す。（　　）
筋道＝物事を行う順序。

② 強風がかみの毛を乱す。（　　）

③ 物語の上巻を読む。（　　）

④ はば広い客層。（　　）
客層＝客となる人たちを、年れいなど、ある区切りで分けたもの。

⑤ 記者が選手を取り巻く。（　　）

⑥ 高層ビルが建つ。（　　）

⑦ 折り紙の✦枚数。（　　）

⑧ 乱暴な話し方。（　　）

⑨ 筋力が低下する。（　　）

⑩ 英会話のとらの巻。（　　）
とらの巻＝教科書の手軽な自習書。

3 漢字を書きましょう。（〰〰は、漢字と送りがなで書きましょう。）（一つ4点）

① 古い□□《ちそう》の化石。

② □□《てっきん》の建物。

③ 本の□□《かんまつ》。

④ 厚い雲の✦□《そう》。

⑤ 青い✦□□《まきがみ》。

⑥ □□《きんにく》をつける。

⑦ 頭の中が□□《こんらん》する。

⑧ 最後まで□《すじ》を通す。
すじを通す＝物事のはじめと終わりを一つのやり方でつらぬき通す。

⑨ □□《いちまい》の布を□《ま》く。

⑩ 列が□《みだれる》。

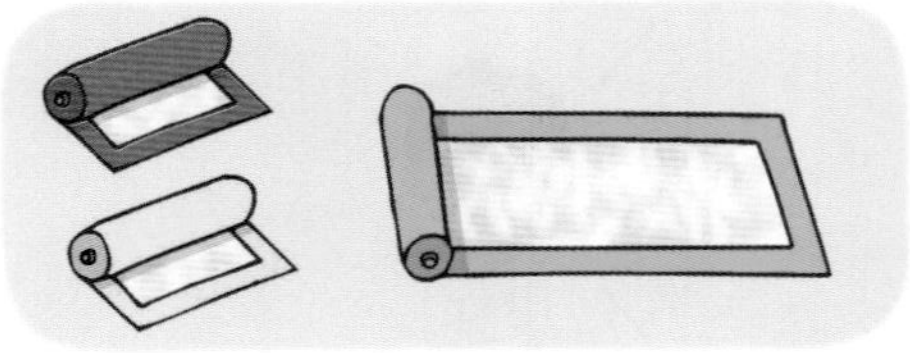

漢字を知っトク！「巻」は，「一巻，二巻…」のように，本（全集など）や巻物，フィルムなどを数えるときに使うよ。

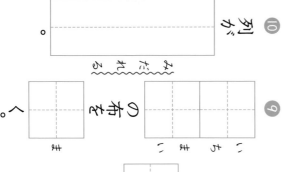

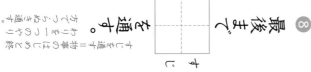

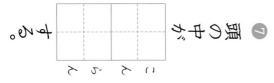

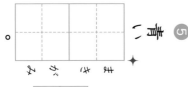

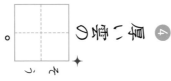

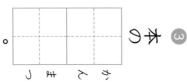

28 宅・段・蔵・窓

名前　　月　日　時　分～　時　分　　点

筆順 1 2 3 4 5　まちがえやすいところ…

宅（6画）

はらう　長く　曲げて　はねる

読み方　音 タク

言葉　帰宅《きたく》　在宅《ざいたく》　自宅《じたく》　社宅《しゃたく》　住宅《じゅうたく》　宅配便《たくはいびん》

注意　住まいを意味する字なので、部首は家に関係する字に付く「宀」です。

宅　うかんむり

段（9画）

つき出さない　つき出す　曲げて　はねる　はらう

読み方　音 ダン

言葉　階段《かいだん》　手段《しゅだん》　段階《だんかい》　段落《だんらく》

注意　左側の横画のつき出す・つき出さないに注意しましょう。

段　ほこづくり　るまた

蔵（15画）

わすれずに　つける　はねる

読み方　音 ゾウ　訓（くら）

言葉　地蔵《じぞう》　蔵書《ぞうしょ》　貯蔵《ちょぞう》　冷蔵庫《れいぞうこ》

注意　最後に打つ点を忘れないようにしましょう。

蔵　くさかんむり

窓（11画）

曲げて　止める　曲げて　はねる　止める

読み方　音 ソウ　訓 まど

言葉　車窓《しゃそう》　同窓会《どうそうかい》　天窓《てんまど》　窓口《まどぐち》

注意　部首は「宀」ではなく、「穴」です。同じ部首の漢字に「空」「究」などがあります。

窓　あなかんむり

もっと知っトク

「お蔵入り」

「お蔵《くら》入《い》り」とは、計画が取りやめになること。歌舞伎《かぶき》で、予定の興行をやめにすることを「御蔵《おくら》」といい、そこからできた言葉です。「蔵」の「物を表に出さずにかくしておく」という意味がもとになっています。

1 □に漢字を書きましょう。（うすい字はなぞりましょう。）（一つ2点）

① 帰《き》□《たく》

② 住《じゅう》□《たく》

③ 階《かい》□《だん》

④ □《だん》落《らく》

⑤ □《ぞう》書《しょ》

⑥ 貯《ちょ》□《ぞう》

⑦ 同《どう》□《そう》会《かい》

⑧ □《まど》口《ぐち》

✦…まちがえやすい漢字

2 ――の漢字の読みがなを書きましょう。（一つ4点）

① ✦秘蔵のコレクション。（　　）
② 宅配便が届く。（　　）
③ 段階を追って説明する。（　　）
④ 道ばたの✦地蔵。（　　）
⑤ 五時に帰宅する。（　　）
⑥ 品物の値段を聞く。（　　）
⑦ 車窓から見える風景。（　　）
⑧ 移動の手段を考える。（　　）
⑨ 在宅で仕事をする。（　　）
⑩ 図書館の蔵書。（　　）

蔵書＝書物をしまっておくこと。また、その書物。

3 漢字を書きましょう。（一つ4点）

① ［じたく］の電話番号。
② 食料を✦［ちょぞう］する。
③ 市役所の［まどぐち］。
④ 建物の中の［かいだん］。
⑤ 大きな［でまど］を開ける。
⑥ ✦［どうそうかい］
⑦ ［だんらく］分け
どうそうかい＝おなじ学校の卒業生が集まるかい。
⑧ ［しゃたく］にすむ。
⑨ ［れいぞうこ］に入れる。
⑩ ［てんまど］のある［じゅうたく］。

てんまど＝屋根に設けられたまど。

漢字を知っトク! 「だんらく」は，文章の中での内容の切れ目のこと。文章→だんらく→文の順に，文章は小さく分けることができるよ。

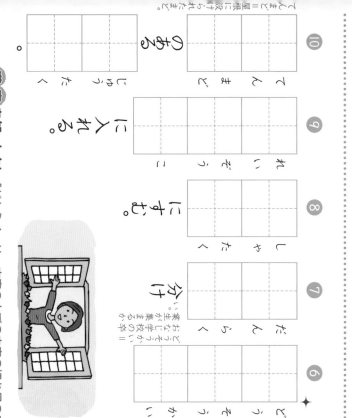

29 私・我・姿・己

名前		点
月 日	時 分～ 時 分	

筆順 1 2 3 4 5 （まちがえやすいところ）…

私（7画）

折る　止める

ノ 二 千 千 禾 私 私

読み方 音 シ　訓 わたくし・わたし

言葉 私服《しふく》　私立《しりつ》　私事《わたくしごと・しじ》　ぼくと私《わたし》

ポイント 「私」と意味が対《つい》になる漢字は「公」です。

私（のぎへん）

我（7画）

わすれずに　はらう　はねる

ノ 一 千 手 我 我 我

読み方 音 （ガ）　訓 われ（わ）

言葉 我《われ》に返《かえ》る　我《われ》ら　我我《われわれ》（我々《われわれ》）

注意 書き始めの筆順に注意しましょう。

我（ほこづくり・ほこがまえ）

姿（9画）

少しつき出す　止める　はらう

丶 冫 ソ 次 次 次 姿 姿 姿

読み方 音 シ　訓 すがた

言葉 姿勢《しせい》　容姿《ようし》　後《うし》ろ姿《すがた》　和服姿《わふくすがた》

成り立ち 女の人の身なりを整える（次）すがたを表したことから、すがたという意味をもちます。

姿（おんな）

己（3画）

折る　曲げてはねる　つき出さない

フ コ 己

読み方 音 コ（キ）　訓 （おのれ）

言葉 自己《じこ》　自己《じこ》しょうかい　利己的《りこてき》

注意 「巳」や「已」と書かないように注意しましょう。

己（おのれ）

もっと知っトク

「我」＋「我」の効果は…

「我我」のように漢字を重ねた言葉は、「家家」「弱弱しい」などたくさんあります。同じ漢字を重ねて複数あることを表したり、その状態や様子を強調したりします。ふつう、二字目は「々」と書きます。

1 □に漢字を書きましょう。（うすい字はなぞりましょう。）（一つ2点）

① しふく（服）
② わたくしごと（事）
③ わたし
④ われ
⑤ しせい（勢）
⑥ すがた
⑦ うしろすがた（後ろ）
⑧ じこ（自）

漢字マスターまであと80字　191字　0字　学んだ漢字111字

✦…まちがえやすい漢字

2　――の漢字の読みがなを書きましょう。（一つ4点）

①　私立の小学校。（　　）

②　後ろ姿を見送る。（　　）

③　私たちのクラス。（　　）

④　容姿の美しい人。（　　）

⑤　私鉄に乗る。（　　）
私鉄＝「私営鉄道」の略。

⑥　我我がすべきこと。（　　）

⑦　公私を区別する。（　　）
公私＝社会や世間に関わることと自分個人のこと。

⑧✦　姿見の前に立つ。（　　）
姿見＝全身が映る大きな鏡。

⑨✦　私事を優先しない。（　　）
私事＝個人的なこと。

⑩　利己的な考え方。（　　）
利己的＝自分だけの利益を考える様子。

3　漢字を書きましょう。（一つ4点）

①　作品づくりに□《われ》を忘れる。
われを忘れる＝夢中になる。

②　□□《しふく》を着る。

③✦　□□《じこ》主張
じこ＝じぶん。

④✦　□□《しよう》で出かける。

⑤　□□《しせい》を正す。

⑥　□《わたくし》は山田《やまだ》と申します。

⑦　祖母の□《わ》□《ふく》□《すがた》。

⑧　□□《しご》をつつしむ。
しご＝じぶん勝手なおしゃべり。ひそひそ話。

⑨　□《われ》らのすむ地球。

⑩　□《わたし》の□《すがた》がテレビに映る。

漢字を知っトク!　「人々」などの「々」は，漢字１字のくり返しを示すふ号だよ。でも，「民主主義」（民主＋主義）のような場合には使わないよ。

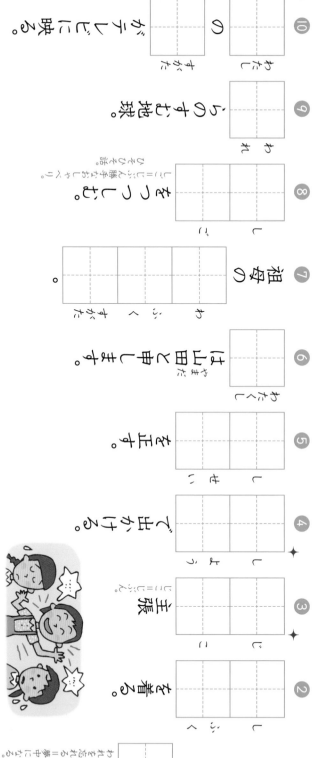

30 異・論・討・批・班

名前
月　日　時　分～　時　分
点

筆順 1 2 3 4 5　まちがえやすいところ…

異（11画）

異　（折る／上より長く／止める／はらう）

筆順：異 口 田 田 田 甲 里 里 里 異 異

読み方　音 イ　訓 こと

言葉　異議《いぎ》　異口同音《いくどうおん》　異常《いじょう》　異変《いへん》　意見《いけん》が異《こと》なる

ポイント　四字熟語《よじじゅくご》には「大同小異《だいどうしょうい》」もあります。細かいちがいはあるが、大体同じという意味です。

異　異　（た）異

論（15画）

論　（つける／わすれずに／はねる／つき出さない）

筆順：論 論 論 論 論 論 論 論 論 論 論 論 論 論 論

読み方　音 ロン

言葉　議論《ぎろん》　結論《けつろん》　反論《はんろん》　論争《ろんそう》　論文《ろんぶん》　論理《ろんり》

注意　形の似た字に「輪」があるので、注意しましょう。

論　論　（ごんべん）論

討（10画）

討　（左より短く／はねる）

筆順：討 討 討 討 討 討 討 討 討 討

読み方　音 トウ　訓（うつ）

言葉　検討《けんとう》　討議《とうぎ》　討論《とうろん》

ポイント　言葉で追いつめること、責めることからできた字なので、「言」が付きます。

討　討　（ごんべん）討

批（7画）

批　（はねる／曲げてはねる）

筆順：批 批 批 批 批 批 批

読み方　音 ヒ

言葉　批判《ひはん》　批評《ひひょう》

成り立ち　手（扌）でならべてくらべる（比）ことを表した字です。

批　批　（てへん）批

班（10画）

班　（つき出さない／止める／はらう）

筆順：班 丁 干 王 丁 玎 玎 班 班 班

読み方　音 ハン

言葉　同《おな》じ班《はん》　救護班《きゅうごはん》　班員《はんいん》　班長《はんちょう》

注意　左側と右側の「王」の形のちがいに注意しましょう。　班

班　班　（おうへん たまへん）班

1　□に漢字を書きましょう。（うすい字はなぞりましょう。）（一つ2点）

1. （い）（ぎ）□議
2. （い）（じょう）□常
3. （こと）□なる
4. 議（ろん）□
5. 結（ろん）□
6. 検（とう）□
7. （ひ）□判
8. （はん）□長

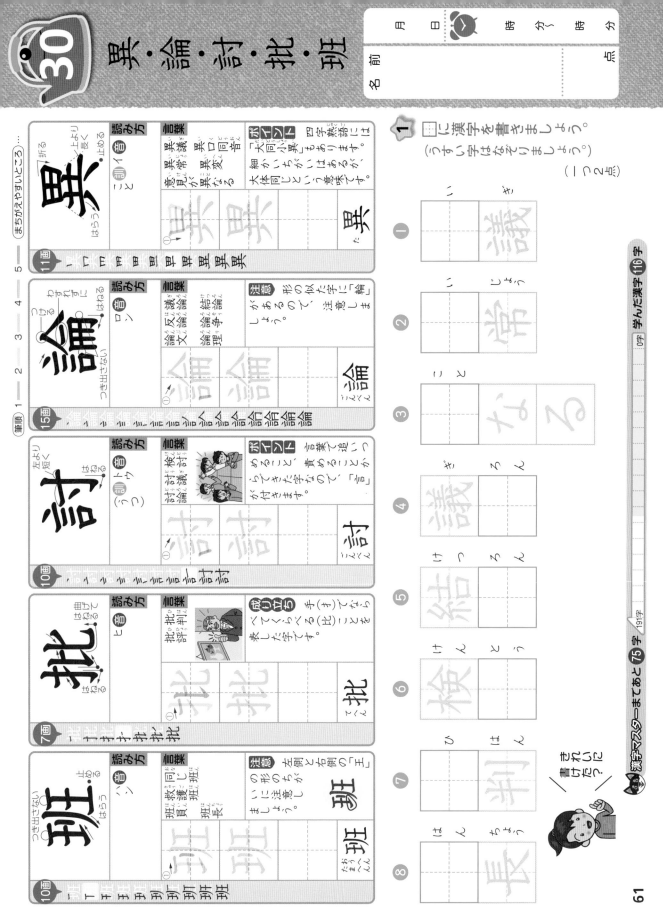

✦…まちがえやすい漢字

2 ――の漢字の読みがなを書きましょう。（一つ4点）

① 意見を✦異にする。（　　）
異にする＝別にする。ちがっている。

② 平和について議論する。（　　）
議論＝たがいに意見を出して話し合うこと。

③ 作品を批評する。（　　）

④ 救護班が活動する。（　　）

⑤ クラスで討議する。（　　）
討議＝あることについてみんなで意見を述べ合うこと。

⑥ 激しい論争が起こる。（　　）
論争＝ちがった意見をもつ者どうしが言い争うこと。

⑦ 異常な天候が続く。（　　）

⑧ 三人の班員がいる。（　　）

⑨ 独自の論理を語る。（　　）
論理＝考えを進めていく筋道。

⑩✦ 異口同音に反対する。（　　）
異口同音＝多くの人が口をそろえて同じことを言うこと。

3 漢字を書きましょう。（一つ4点）

① □□《はんろん》を述べる。

② □□《いへん》が起こる。

③ □□《はんちょう》の仕事。

④ □□《ろんぶん》が発表される。

⑤ 出された案を✦□□《けんとう》する。

⑥ いつもと□《こと》なる味だ。

⑦ 相手の行いを□□《ひはん》する。
ひはん＝物事の悪い点を評価して意見を言うこと。

⑧ □□《けつろん》を出す。

⑨✦ □□《いぎ》を唱える。
いぎ＝ちがった意見。

⑩ □《はん》で□□《とうろん》する。
とうろん＝たがいにぎろんを戦わすこと。

漢字を知っトク! 「けんとう」には，「見当」のように同じ読みでちがう意味の言葉があるよ。使い分けに注意しよう。

確認《かくにん》テスト 6

月　日　目標 15分

名前　　点

1 ——の漢字の読みがなを書きましょう。（一つ3点）

1 さやえんどうの 筋 を取る。（　　）

2 店の 客層 を調べる。（　　）

3 正しい 姿勢 を保つ。（　　）

4 自己 しょうかいをする。（　　）

5 落ち葉を 一枚 拾う。（　　）

6 私服 を着た警察官《けいさつかん》。（　　）

7 自分と 異 なる意見。（　　）

8 コスモスがさき 乱 れる。（　　）

9 我々 の出した案が再び 検討 される。（　　）（　　）

10 私 は林《はやし》と申しますが、田中《たなか》先生はご 在宅 ですか。（　　）（　　）

2 ——の漢字の読みがなを書きましょう。（一つ3点）

1 本の 巻末 の付録。（　　）

2 巻紙 に書かれた手紙。（　　）

3 案内の 窓口 できく。（　　）

4 電車の 車窓 からのながめ。（　　）

漢字を知っトク！ 「私」は、かしこまったときには「わたくし」、くだけたときには「わたし」というよ。

3 漢字を書きましょう。（～～は、漢字と送りがなで書きましょう。）（一つ3点）

❶ □《わたし》の見た夢。

❷ 腹《ふっ》□《きん》をきたえる。

❸ □□《こうそう》マンション

❹ ねこが□《すがた》をかくす。

❺ クラスで□《はん》ごとに集まる。

❻ 時計《とけい》のねじを□《ま》く。

❼ 仕上げの□□《だんかい》に入る。

❽ 相手の言葉に、心を□《みだす》。

❾ □□《じたく》に食料を□□《ちょぞう》する。

❿ □□《いじょう》な事態に□□《こんらん》が続く。

4 似た形の漢字を書きましょう。（一つ4点）

❶ 議会で議□《ろん》する。

❷ 木の年□《りん》を見る。

❸ すぐれた□《ひ》評家。

❹ 二つの物を対□《ひ》する。

漢字を知っトク! 「いじょう」はふつうとちがっていることを表す言葉だね。反対の意味の言葉に「せいじょう」「つうじょう」があるよ。

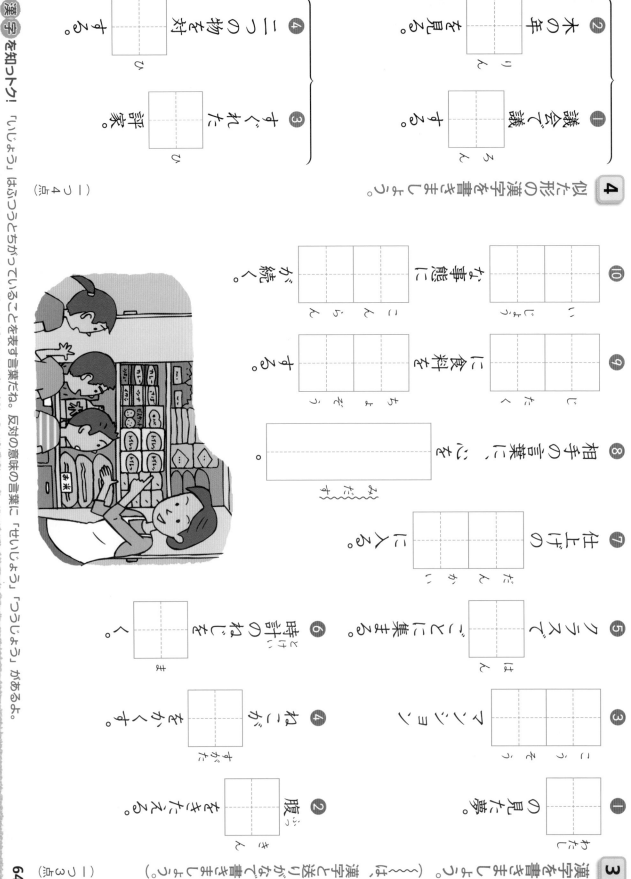

32 並・縮・縦・寸・尺

名前　　　点

月　日　時　分～　時　分

筆順 1 2 3 4 5　まちがえやすいところ…

並（8画）

並（つき出さない・止める）

丷 䒑 䒑 䒳 䒳 並 並 並

読み方 音 （ヘイ） 訓 なみ　ならべる　ならぶ　ならびに

言葉 並木《なみき》　並《なら》べ方《かた》　一列《いちれつ》に並《なら》ぶ　一並《いちなら》びに二《に》

成り立ち 二人《ふたり》がならんで立つ様子からできた字です。

並（いち）

縮（17画）

縮（つける・止める）

読み方 音 シュク 訓 ちぢむ　ちぢまる　ちぢめる　ちぢれる　ちぢらす

言葉 圧縮《あっしゅく》　収縮《しゅうしゅく》　縮小《しゅくしょう》　短縮《たんしゅく》　服《ふく》が縮《ちぢ》む

ポイント 「縮小」の反対の意味の言葉は「拡大」です。

縮（いとへん）

縦（16画）

縦（つき出さない・止める・はらう）

読み方 音 ジュウ 訓 たて

言葉 縦横《じゅうおう》　縦断《じゅうだん》　縦列《じゅうれつ》　操縦《そうじゅう》　縦書《たてが》き

注意 同じ読み方で形の似た字に「従」があります。

縦　従

縦（いとへん）

寸（3画）

寸（左より短く・わすれずに・はねる）

一 十 寸

読み方 音 スン

言葉 一寸《いっすん》　寸前《すんぜん》　寸法《すんぽう》　原寸大《げんすんだい》

成り立ち 「手」と「一」（指一本のしるし）を合わせてできた字です。

寸（すん）

尺（4画）

尺（折る・つける・位置に注意・はらう）

フ コ 尸 尺

読み方 音 シャク

言葉 一尺《いっしゃく》　尺度《しゃくど》　尺八《しゃくはち》　縮尺《しゅくしゃく》　巻《ま》き尺《じゃく》

ポイント 昔は長さの単位として、「尺」や「寸」が使われていました。「一尺」は「一寸」の十倍です。

尺（しかばね）

1 □に漢字を書きましょう。（うすい字はなぞりましょう。）（一つ2点）

1. □□木（なみ き）
2. □ぶ（なら）
3. □小（しゅく しょう）
4. □む（ちぢ）
5. □横（じゅう おう）
6. □書き（たて が）
7. □法（すん ぽう）
8. 巻き□（ま じゃく）

漢字マスターまであと 70 字　191字　0字　学んだ漢字 121 字

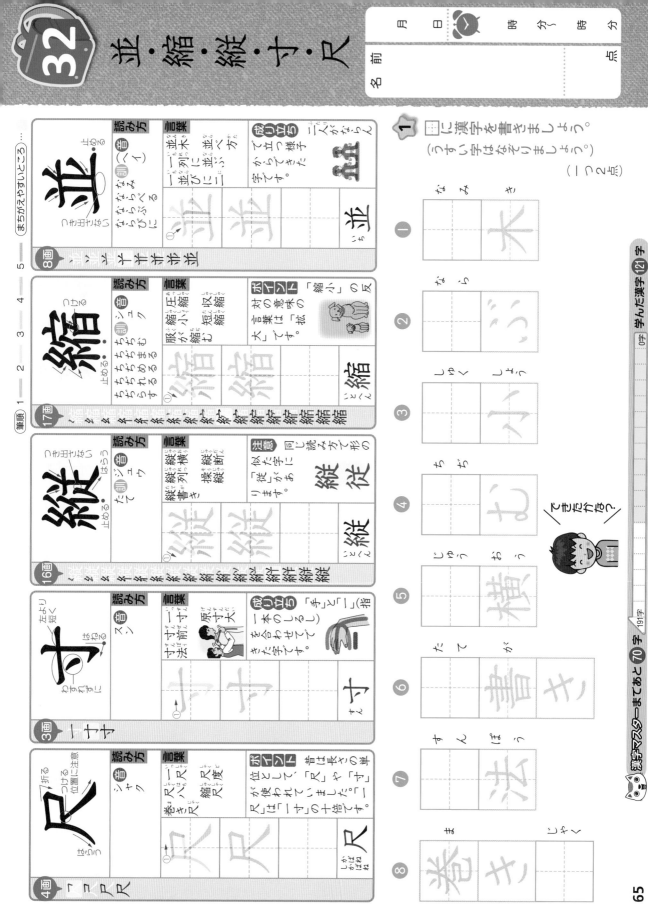

2 ——の漢字の読みがなを書きましょう。（一つ4点）

✦…まちがえやすい漢字

1 長い列に並ぶ。（　　）
2 ゴール寸前で追いぬく。（　　）
3 飛行機の操縦。（　　）
4 セーターが縮む。（　　）
5 ✦縦書きのノート。（　　）
6 作業を短縮する。（　　）
7 一組並びに二組。（　　）
8 尺八の演奏《えんそう》を聞く。（　　）
9 血管が収縮する。（　　）
10 ✦並の努力ではできない。（　　）

3 漢字を書きましょう。（〰〰は、漢字と送りがなで書きましょう。）（一つ4点）

1 大陸を□□《じゅうだん》する。
2 桜の□□《なみき》。
3 地図の□□《しゅくしゃく》。
4 □□《いっすん》の長さ。

いっすん＝「すん」は昔の長さの単位。「いっすん」は約三センチメートル。

5 巻き□《じゃく》で測る。
6 ✦□□《じゅうおう》に飛び回る。
7 図を□□《しゅくしょう》する。
8 □《たて》の□□《すんぽう》。
9 皿を〰ならべる〰。
10 時間を✦〰ちぢめる〰。

漢字を知っトク! 「並」には「ふつう」という意味もあるよ。また，おすしの「並・上・特上」のように，順位や等級を表すときにも使われるよ。

33 暮・刻・延・翌・晩

名前　　月　日　時　分～　時　分　　点

筆順　1　2　3　4　5　まちがえやすいところ…

暮（14画）

暮（つき出す・はらう・長く）

読み方　音 （ボ）　訓 くれる　くらす

言葉　日《ひ》が暮《く》れる　夕暮《ゆうぐ》れ　昔《むかし》の暮《く》らし

注意　形の似た字に「墓」や「幕」があるので注意しましょう。

暮《ひ》

刻（8画）

刻（たてに・つき出さない・つき出さない・はねる）

読み方　音 コク　訓 きざむ

言葉　一刻《いっこく》　時刻《じこく》　深刻《しんこく》　夕刻《ゆうこく》　小刻《こきざ》み

注意　三画目をつき出さないようにしましょう。　×刻

刻《りっとう》

延（8画）

延（二画で・止める・はらう）

読み方　音 エン　訓 のびる　のべる　のばす

言葉　延期《えんき》　延長《えんちょう》　時間《じかん》が延《の》びる　延《の》べ人数《にんずう》

注意　「延びる」は時間やきょりが長くなるときに使います。身長がのびる場合には使いません。

延《えんにょう》

翌（11画）

翌（向きに注意・はねる）

読み方　音 ヨク

言葉　翌月《よくげつ》　翌日《よくじつ》　翌朝《よくあさ・ちょう》　翌年《よくとし・ねん》

ポイント　「次の」という意味を表します。「翌翌日」は、次の次の日、つまり二日《ふつか》後のことです。

翌《はね》

晩（12画）

晩（折る・はらう・曲げてはねる）

読み方　音 バン

言葉　朝晩《あさばん》　今晩《こんばん》　晩《ばん》ご飯《はん》　晩年《ばんねん》

ポイント　「晩年」「晩秋」のように、「晩」には時期がおそいという意味もあります。

晩《ひへん》

1 □に漢字を書きましょう。（うすい字はなぞりましょう。）（一つ２点）

①　く□れる

②　く□らす

③　じこく　時□

④　きざ□む

⑤　えんちょう　□長

⑥　の□びる

⑦　よくじつ　□日

⑧　あさばん　朝□

漢字マスターまであと65字　191字　0字　学んだ漢字126字

✦…まちがえやすい漢字

2 ――の漢字の読みがなを書きましょう。（一つ4点）

1 日程を延ばす。（　）

2 翌朝の出来事。（　）

3 小刻みにふるえる。（　）

4 運動会を延期する。（　）

5 ✦今晩のこんだて。（　）

6 電車の発車時刻。（　）

7 海外で暮らす。（　）

8 翌月のカレンダー。（　）

9 一刻を争う事態。（　）

一刻を争う＝少しの時間のよゆうもないほど、すぐ間近に近づいてくる。

10 ✦延べ人数で数える。（　）

延べ＝同じものがくり返しふくまれていても、それぞれを一つに数えて合計したもの。

3 漢字を書きましょう。（〰〰は、漢字と送りがなで書きましょう。）（一つ4点）

1 □□《あさばん》は冷えこみそうだ。

2 試合が□□《えんちょう》される。

3 ✦□□《しんこく》ななやみ。

4 □□《よくとし》の十月。

5 野菜を□《きざ》む。

6 □《ばん》ご飯のしたく。

7 豊かな□《く》らし。

8 □□《よくじつ》の□□《ゆうこく》。

9 日が□《くれる》。

10 ✦時間が□《のびる》。

漢字を知っトク! 「よくじつ」は「その日の次の日」のこと。「明日」のように「今日の次の日」を指すとは限らないよ。

34 熟・樹・系・宇・宙

名前　　月　日　時　分～　時　分　　点

筆順 1 2 3 4 5　まちがえやすいところ…

熟（15画）

わすれずに　曲げて はねる　点の向きに 注意

読み方　音 ジュク　訓 （うれる）

言葉　熟語《じゅくご》　熟練《じゅくれん》　半熟《はんじゅく》　未熟《みじゅく》　実《み》が熟《じゅく》す

ポイント　「熟読」「熟考」など、そのことにじっくり取り組む様子を表すときにも使います。

熟　れんが　れっか

樹（16画）

下より長く　はねる　止める　右上へ

読み方　音 ジュ

言葉　街路樹《がいろじゅ》　果樹園《かじゅえん》　樹木《じゅもく》　樹立《じゅりつ》　樹林《じゅりん》　落葉樹《らくようじゅ》

ポイント　立ち木という意味の他に、「樹立」のように、打ち立てるという意味もあります。

樹　きへん

系（7画）

はらう　わすれずに　止める

読み方　音 ケイ

言葉　銀河系《ぎんがけい》　系図《けいず》　系統《けいとう》　系列《けいれつ》　生態系《せいたいけい》　体系《たいけい》

注意　一画目の「一」は右から左にはらって書きます。　系

系　いと

宇（6画）

つき出さない　上より長く　はねる

読み方　音 ウ

言葉　宇宙《うちゅう》　宇宙人《うちゅうじん》　宇宙船《うちゅうせん》　宇宙飛行士《うちゅうひこうし》

注意　二本の横画は下を長く書きます。　宇

宇　うかんむり

宙（8画）

つき出す　折る

読み方　音 チュウ

言葉　宇宙《うちゅう》　宙返《ちゅうがえ》り　宙《ちゅう》づり

注意　下の部分を「田」と書かないようにしましょう。　×宙

宙　うかんむり

1　□に漢字を書きましょう。（うすい字はなぞりましょう。）（一つ2点）

1. □《じゅく》語《ご》
2. □《じゅく》す
3. □《じゅ》木《もく》
4. 落《らく》葉《よう》□《じゅ》
5. 銀《ぎん》河《が》□《けい》
6. □《けい》図《ず》
7. □《う》□《ちゅう》
8. □《ちゅう》返《がえ》り

✦…まちがえやすい漢字

2 ――の漢字の読みがなを書きましょう。（一つ4点）

① 樹林（　　）の中を歩く。

② かきの実が熟（　　）す。

③ 果樹園（　　）をおとずれる。

④ 赤✦系統（　　）の色。
系統＝同じ種類に属していること。

⑤ 経験が浅く、未熟（　　）だ。

⑥ 宇宙船（　　）に乗る。

⑦ 熟練（　　）の職人の仕事。

⑧ 庭の落葉樹（　　）。
落葉樹＝秋から冬に葉が落ちる木。

⑨ 枝に宙（　　）づりのくも。

⑩ 森の✦生態系（　　）を守る。
生態系＝ある地域の生物とかんきょうをひとまとめにしてとらえたもの。

3 漢字を書きましょう。（一つ4点）

① □□《けいれつ》の学校。

② ✦□□《ちゅうがえ》りをする。

③ 公園の✦□□《じゅもく》。

④ 一族の✦□□《けいず》。

⑤ 緑の□□□《がいろじゅ》。

⑥ □□《はんじゅく》のゆで卵《たまご》。

⑦ □□□《ぎんがけい》の星。

⑧ 新記録を□□《じゅりつ》する。

⑨ □□《じゅくご》の意味を調べる。

⑩ □□《うちゅう》の□□《たいけい》。

漢字を知っトク! 「ちゅうがえり」の「ちゅう」は，空中という意味。でも「中」とは書かないよ。

35 策・派・党・衆・閣

筆順 1 2 3 4 5 まちがえやすいところ…

策（12画）

はねる　はらう

読み方　音 サク

言葉　解決策《かいけつさく》　策略《さくりゃく》　散策《さんさく》　政策《せいさく》　対策《たいさく》　方策《ほうさく》

注意　下の部分を「朿」と書かないようにしましょう。　×策

策　たけかんむり

派（9画）

はらう　止める

読み方　音 ハ

言葉　一派《いっぱ》　派出所《はしゅつじょ》　派生《はせい》　立派《りっぱ》　流派《りゅうは》

注意　右側の「𠂢」は三画ではなく六画で書きます。つなげて書かないようにしましょう。

派　さんずい

党（10画）

たてに　はねる　曲げてはねる　はらう

読み方　音 トウ

言葉　悪党《あくとう》　政党《せいとう》　党員《とういん》　党首《とうしゅ》　党派《とうは》　入党《にゅうとう》

注意　上の三つの点の向きに注意して書きましょう。　党

党　ひとあし　にんにょう

衆（12画）

ななめに　つき出す　はらう　止める

読み方　音 シュウ

言葉　観衆《かんしゅう》　群衆《ぐんしゅう》　衆議院《しゅうぎいん》　民衆《みんしゅう》

ポイント　「𠂉」は三人の人を示していますす。たくさんの人という意味をもつ字です。

衆　ち

閣（14画）

折る　つき出す　はねる

読み方　音 カク

言葉　閣議《かくぎ》　神社仏閣《じんじゃぶっかく》　天守閣《てんしゅかく》　内閣《ないかく》

ポイント　「閣議」は内閣が開く会議。「入閣」は内閣に入ること。ここでの「閣」は「内閣」の略語。

閣　もんがまえ

名前　　点

月　日　時　分～　時　分

1 □に漢字を書きましょう。（うすい字はなぞりましょう。）（一つ2点）

① かいけつさく　解決□
② たいさく　対□
③ りっぱ　立□
④ せいとう　政□
⑤ かんしゅう　観□
⑥ しゅうぎいん　□議院
⑦ てんしゅかく　天守□
⑧ ないかく　内□

✦…まちがえやすい漢字

2 ――の漢字の読みがなを書きましょう。（一つ4点）

① 大勢の観衆を集める。（　　）

② 策略をめぐらす。（　　）
策略＝うまくいくように仕組んだ計画。

③ 天守閣からのながめ。（　　）
天守閣＝城の本丸にある最大のやぐら。

④ 群衆の前で演説する。（　　）

⑤ 投票で党首を選ぶ。（　　）

⑥ 新たに派生✦した問題。（　　）
派生＝もとになるものから分かれて生じること。

⑦ 入党を希望する。（　　）

⑧ 解決策を考える。（　　）

⑨ 法案が閣議で決まる。（　　）
閣議＝総理大臣が他の大臣を集めて開く会議。

⑩ ✦派出所に勤める。（　　）
派出所＝本部から仕事のために出向いた人が仕事をする所。

3 漢字を書きましょう。（一つ4点）

① たいさく を練る。

② りっぱ な行い。

③ みんしゅう の声。

④ 森を✦ さんさく する。

⑤ 支持する せいとう 。

⑥ 生け花の りゅうは 。
りゅうは＝やり方のちがいによるそれぞれの集まり。

⑦ あくとう をとらえる。

⑧ 京都《きょうと》の神社 ぶっかく 。

⑨ ✦ しゅうぎいん の選挙。

⑩ ないかく の せいさく 。
せいさく＝せいじをしていくうえでの考え方やり方。

漢字を知っトク! 「ぶっかく」は寺の建物のこと。「神社」は神をまつっている所，「寺」はほとけをまつっている所だよ。

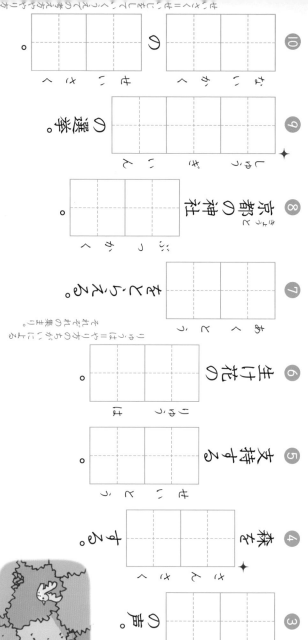

36 確認《かくにん》テスト 7

月　日

目標 15分

名前

点

1 ――の漢字の読みがなを書きましょう。（一つ3点）

❶ かみの毛が 縮 れる。（　　）

❷ 新しい 政策 が発表される。（　　）

❸ 宇宙人 と出会う話。（　　）

❹ 並木道 を歩く。（　　）

❺ 政党の 党員 になる。（　　）

❻ 豊かさの 尺度。（　　）

尺度＝ものさし。また、判断のよりどころ。

❼ 原寸大 の模型《もけい》。（　　）

❽ 今日のことを心に 刻 む。（　　）

❾ 樹木 に囲まれた家で 暮 らす。（　　）（　　）

❿ 休みの 翌日 に 熟語 のテストがある。（　　）（　　）

2 ――の漢字の読みがなを書きましょう。（一つ3点）

❶ 延長 戦の末に逆転で勝つ。（　　）

❷ 線路を 延 ばす。（　　）

❸ 縦列 に車を止める。（　　）

❹ 縦 の長さを測る。（　　）

漢字を知っトク！「暮」の部首は「艹」（くさかんむり）ではなく，「日」（ひ）。「日がくれる」という意味の漢字だから「日」と覚えよう。

3 漢字を書きましょう。（〰〰は、漢字と送りがなで書きましょう。）（一つ3点）

❶ ［　　］《ゆうぐ》れの景色《けしき》。

❷ ［　　　　　］《らくようじゅ》の林。

❸ 空気を［　　　　］《あっしゅく》する。

❹ 駅に着く［　　　］《じこく》。

❺ ［　　　　］《ばんねん》を過ごした家。

❻ ［　　　　］《ないかく》総理大臣

❼ よい［　　　］《ほうさく》を考える。

❽ 身の［　　］《ちぢむ》思い。

❾ ［　　　　］《ぎんがけい》は［　　　］《うちゅう》にただよう天体の集団だ。

❿ ［　　　］《りっぱ》なすいかを店に［　　］《ならべる》。

4 同じ読み方をする漢字を書きましょう。（一つ4点）

❶ ［　］《しゅう》議院の解散。

❷ ［　］《しゅう》教の歴史。

❸ 自由に［　］《とう》論をする。

❹ 政［　］《とう》をつくる。

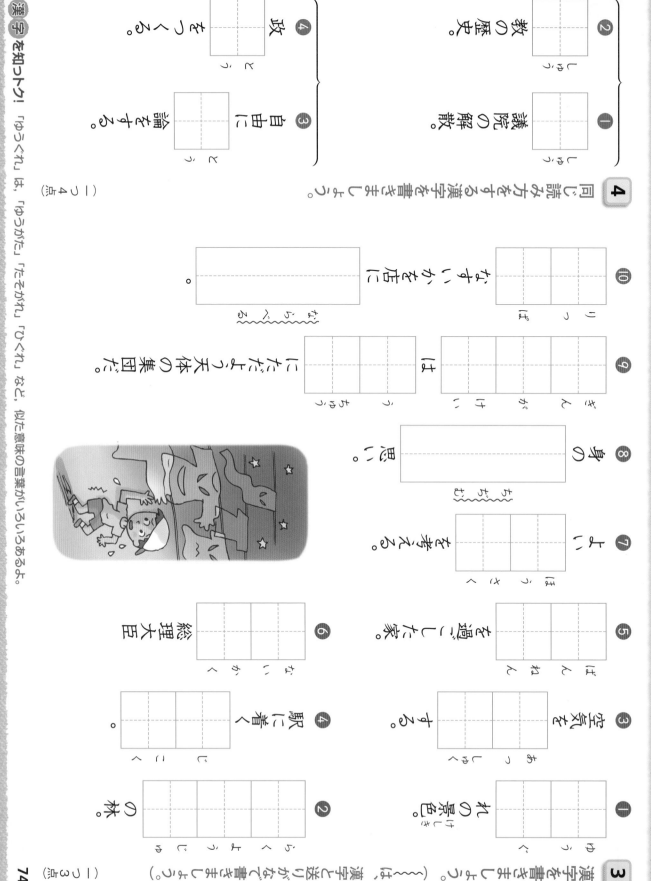

37 模・染・革・絹・蚕

名前　　　点
月　日　時　分～　時　分

筆順 1 2 3 4 5　まちがえやすいところ…

模

14画
止める　長く　はらう

筆順：一 十 木 木 杧 杧 杧 栉 栉 档 档 模 模 模

読み方　音 モ　ボ

言葉
模型《もけい》　模写《もしゃ》
模造《もぞう》　模様《もよう》
規模《きぼ》

注意 「モ」「ボ」の二つの音読みがあります。読み方に注意しましょう。

模 きへん

染

9画
小さく　はねる　曲げて　止める

筆順：丶 冫 氵 氿 沈 染 染 染 染

読み方　音（セン）　訓 そめる　そまる

言葉
染《そ》め物《もの》
布《ぬの》を染《そ》める
赤《あか》く染《そ》まる

注意 部首は「木」。「氵」は「木」の上にのるように書きましょう。×（誤った字形）

染 き

革

9画
つける　折る　長く

筆順：一 十 廾 廿 芦 芦 苩 茧 革

読み方　音 カク　訓（かわ）

言葉
改革《かいかく》　革新《かくしん》
革命《かくめい》　皮革《ひかく》
変革《へんかく》

ポイント 「革」は、動物の皮から毛やあぶらを除いてやわらかくしたもののことです。

革 かくのかわ つくりがわ

絹

13画
折る　止める　はねる

筆順：𠃋 幺 幺 糸 糸 糸 糸 糸 紀 紀 絹 絹 絹

読み方　訓 きぬ

言葉
絹糸《きぬいと》
絹織物《きぬおりもの》
絹《きぬ》の布《ぬの》

注意 右側を「員」と書かないようにしましょう。×絹（誤った字形）

絹 いとへん

蚕

10画
上より短く　止める　右上へ

筆順：一 二 于 天 天 吞 吞 吞 蚕 蚕

読み方　音 サン　訓 かいこ

言葉
養蚕《ようさん》　養蚕業《ようさんぎょう》
蚕《かいこ》を飼《か》う

ポイント 「天」からさずかった「虫」と覚えましょう。

蚕 むし

1 □に漢字を書きましょう。（うすい字はなぞりましょう。）（一つ2点）

① □《も》型《けい》
② 規《き》□《ぼ》
③ □《そ》める
④ □《そ》まる
⑤ 改《かい》□《かく》
⑥ □《きぬ》織物《おりもの》
⑦ 養《よう》□《さん》
⑧ □《かいこ》

✦…まちがえやすい漢字

2 ──の漢字の読みがなを書きましょう。（一つ4点）

① 蚕 を育てる。（　　）

② 絹 のハンカチ。（　　）

③ 染 め物の職人。（　　）

④ 革命 が起こる。（　　）

⑤ 養蚕業 を営む。（　　）
養蚕＝かいこを飼い、まゆを取ること。

⑥ ✦大規模 な計画。（　　）

⑦ 模造 した刀を展示する。（　　）
模造＝実物に似せてつくること。

⑧ 美しい 絹織物。（　　）

⑨ 水玉の 模様 をえがく。（　　）

⑩ ✦皮革 製品を売る店。（　　）
皮革＝動物の皮を加工したもの。

3 漢字を書きましょう。（〰〰は、漢字と送りがなで書きましょう。）（一つ4点）

① 絵を□□《もしゃ》する。

② 政治の□□《かいかく》。

③ □《かいこ》のまゆ。

④ 車の□□《もけい》。

⑤ 制度を□□《へんかく》する。

⑥ □□《きぼ》を広げる。

⑦ ✦□□《ようさん》がさかんな土地。

⑧ □□《きぬいと》を□《そ》める。

⑨ 技術を✦□□《かくしん》する。
かくしん＝これまでの制度や方法をかえて、あたらしくすること。

⑩ 赤く□《そまる》。

漢字を知っトク! 絹は，蚕(かいこがの幼虫《ようちゅう》)のまゆから取れる糸。または絹織物のこと。「絹」と「蚕」，関係のある字はいっしょに覚えておこう。

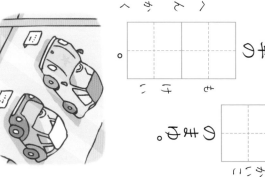

38 閉・郵・警・庁・署

名前　　点
月　日　時　分～　時　分

筆順 1 2 3 4 5　まちがえやすいところ…

閉（11画）

折る　少しつき出す　はねる

読み方 音 ヘイ　訓 とじる　（とざす）　しめる　しまる

言葉 閉会式《へいかいしき》　閉店《へいてん》　目《め》を閉《と》じる　戸《と》を閉《し》める

ポイント 「閉」の反対の意味の漢字は「開」です。

閉↕開

もんがまえ　閉

郵（11画）

いちばん長く　二画で　右上へ

読み方 音 ユウ

言葉 郵送《ゆうそう》　郵便《ゆうびん》　郵便局《ゆうびんきょく》

注意 左側のいちばん下の横画は右上にはらって書きます。

郵

おおざと　郵

警（19画）

つける　はらう

読み方 音 ケイ

言葉 警官《けいかん》　警察《けいさつ》　警報《けいほう》　警告《けいこく》

ポイント 言葉で注意して用心させるという意味があります。

げん　警

庁（5画）

たてに　はらう　はねる

読み方 音 チョウ

言葉 官庁《かんちょう》　県庁《けんちょう》　庁舎《ちょうしゃ》

ポイント 「庁」は、「スポーツ庁」「文化庁」など、国の機関の名前にも使われます。

まだれ　庁

署（13画）

平たく　上より長く　はらう

読み方 音 ショ

言葉 消防署《しょうぼうしょ》　署名《しょめい》　税務署《ぜいむしょ》

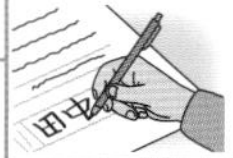

注意 同じ読みで、形の似た字に「暑」があるので注意しましょう。

あみがしら　あみめ　よこめ　署

1 □に漢字を書きましょう。（うすい字はなぞりましょう。）（一つ2点）

① へいてん　□店
② と　□じる
③ し　□める
④ ゆうびん　□便
⑤ けいこく　□告
⑥ けいさつ　□察
⑦ けんちょう　県□
⑧ しょうぼうしょ　消防□

✦…まちがえやすい漢字

2 ——の漢字の読みがなを書きましょう。（一つ4点）

① 書類を郵送する。（　　）

② 署名を集める。（　　）

③ 戸が風で閉まる。（　　）

④ 県庁のある都市。（　　）

⑤ 郵便局で切手を買う。（　　）

⑥ かたく目を閉じる。（　　）

⑦✦ 税務署の仕事。（　　）

税務署＝税金についての仕事をする役所。

⑧ 係の人が警告を出す。（　　）

⑨✦ 開閉する屋根。（　　）

⑩ 建物を警備する。（　　）

3 漢字を書きましょう。（〰は、漢字と送りがなで書きましょう。）（一つ4点）

①✦ ［　　］《ゆうびん》ポスト

② ［　　］《かんちょう》の役人。

③ 六時に［　　］《へいかん》する。

④ 大雨［　　］《けいほう》が出る。

けいほう＝用心するように出す知らせ。

⑤ スポーツ［　］《ちょう》の仕事。

⑥ 近くの［　　　］《しょうぼうしょ》。

⑦ ［　　］《けいかん》になりたい。

⑧ ［　　］《へいてん》の時刻。

⑨ ［　　］《けいさつ》の✦［　　］《ちょうしゃ》。

⑩ ドアを［　　］《しめる》。

漢字を知っトク! 「閉じる」と「閉める」は似た意味の言葉。でも，「目を閉じる」とはいうけれど，「目を閉める」とはいわないよ。

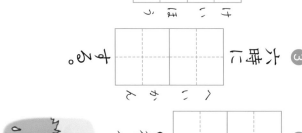

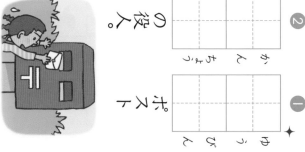

39 権・律・遺・裁・憲

名前　月　日　時　分～　時　分　点

筆順 1 2 3 4 5　まちがえやすいところ…

権（15画）

権　つき出す　つける　止める

読み方　音 ケン

言葉　権利《けんり》　権力《けんりょく》　実権《じっけん》　人権《じんけん》　著作権《ちょさくけん》　特権《とっけん》

注意　右側の縦画と横画の交わり方やつき方に注意しましょう。

権　　権　きへん

律（9画）

律　つき出す　上より長く　止める

読み方　音 リツ

言葉　一律《いちりつ》　規律《きりつ》　法律《ほうりつ》

ポイント　決まりという意味の他、「音律」のように、音の調子という意味もあります。

律　ぎょうにんべん

遺（15画）

遺　つき出さない　長く　一画で

読み方　音 イ（ユイ）

言葉　遺業《いぎょう》　遺作《いさく》　遺産《いさん》　遺失物《いしつぶつ》　遺書《いしょ》　遺伝《いでん》

ポイント　「なくす」（例 遺失物）という意味と、「残す」（例 遺産）という意味があります。

遺　しんにょう　しんにゅう

裁（12画）

裁　わすれずに　たてに　はねる

読み方　音 サイ　訓 （たつ）　さばく

言葉　裁断《さいだん》　裁判所《さいばんしょ》　独裁《どくさい》　洋裁《ようさい》　罪《つみ》を裁《さば》く

成り立ち　「衣」（ころも）と、「𢦏」（布をたち切る）を合わせた字です。

裁　ころも

憲（16画）

憲　いちばん長く　平たく　曲げてはねる　止める

読み方　音 ケン

言葉　憲章《けんしょう》　憲法《けんぽう》　立憲政治《りっけんせいじ》

ポイント　決まり、おきてという意味を表します。「憲法」は、国のおおもとになる決まりのことです。

憲　こころ

1 □に漢字を書きましょう。（うすい字はなぞりましょう。）（一つ2点）

① □《けん》利《り》

② 人《じん》□《けん》

③ 法《ほう》□《りつ》

④ 遺《い》産《さん》

⑤ 遺《い》伝《でん》

⑥ □《さい》判《ばん》所《しょ》

⑦ □《さば》く

⑧ □《けん》法《ぽう》

漢字マスターまであと 40 字　191字　0字　学んだ漢字 151 字

✦…まちがえやすい漢字

2 ——の漢字の読みがなを書きましょう。（一つ4点）

1. ✦ 会長の 独裁 で決まる。（　　）
2. 権利 を主張する。（　　）
3. ✦ 遺失物 を預かる。（　　）
   遺失物＝落としたり忘れたりした物。
4. 児童 憲章 の制定。（　　）
   児童憲章＝全ての児童の幸福をはかるために定められた決まり。
5. 布を 裁断 する。（　　）
6. 国の 実権 をにぎる。（　　）
7. 体質が 遺伝 する。（　　）
8. ✦ 裁 きを受ける。（　　）
9. 著作《ちょさく》 権 を保護する。（　　）
   著作権＝文学、音楽などで、作者が自分の作品をどくせん的に利用できる権利。
10. 規律 正しく暮らす。（　　）

3 漢字を書きましょう。（〰〰は、漢字と送りがなで書きましょう。）（一つ4点）

1. ✦ 全国［いちりつ］の料金。
   いちりつ＝どれも同じである様子。
2. 子供の［じんけん］を守る。
3. ［いしょ］が見つかる。
4. ［ようさい］を習う。
5. ✦ 世界［いさん］
6. ［けんぽう］と［ほうりつ］。
7. ［けんりょく］をもつ。
8. 最高［さいばんしょ］
9. ［とっけん］のある階級。
10. 罪を［〰さばく〰］。

漢字を知っトク! 「権利」と意味が対《つい》になる言葉は「義務」。「やってもいいこと」と「やらなければならないこと」の組み合わせだね。

40 胃・腸・舌・背・骨

名前　　月　日　時　分〜　時　分　　点

筆順 1 2 3 4 5 まちがえやすいところ…

胃（9画）
胃（つき出さない／はねる／止める）

読み方　音 イ

言葉　胃液《いえき》　胃カメラ　胃ぶくろ

成り立ち　「月」（にく）と食べ物がふくろに入っている様子を表した「田」を合わせた字です。

胃《にく》

腸（13画）
腸（はねる）

読み方　音 チョウ

言葉　胃腸《いちょう》　胃腸薬《いちょうやく》　大腸《だいちょう》

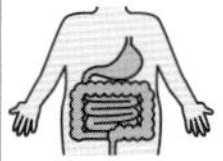

注意　形の似た字に「陽」「湯」があるので、注意しましょう。

腸《にくづき》

舌（6画）
舌（長く）

読み方　音（ゼツ）　訓 した

言葉　舌打《したう》ち　舌《した》つづみ　舌《した》を出《だ》す

成り立ち　口からしたがつき出た様子をえがいた字です。

舌《した》

背（9画）
背（曲げてはねる／はらう／はねる／止める）

読み方　音 ハイ　訓 せ　せい　（そむく）（そむける）

言葉　背景《はいけい》　背後《はいご》　背負《せお》う　背中《せなか》　背比《せいくら》べ

成り立ち　「北」（せなかを向ける）と「月」（肉）を合わせた字。

背《にく》

骨（10画）
骨（つき出さない／折る／はねる）

読み方　音 コツ　訓 ほね

言葉　骨折《こっせつ》　鉄骨《てっこつ》　魚《さかな》の骨《ほね》　骨組《ほねぐ》み

注意　上の「冎」の中の部分は、つき出さないようにします。　×骨

骨《ほね》

1 □に漢字を書きましょう。（うすい字はなぞりましょう。）（一つ2点）

① □《い》液《えき》

② □《い》□《ちょう》

③ 大《だい》□《ちょう》

④ □《した》

⑤ □《はい》景《けい》

⑥ □《せ》中《なか》

⑦ □《こっ》折《せつ》

⑧ □《ほね》組《ぐ》み

✦…まちがえやすい漢字

2 ──の漢字の読みがなを書きましょう。（一つ4点）

1 舌つづみを打つ。（　）
2 ✦胃腸薬を飲む。（　）
3 背後から近づく。（　）
4 文章の骨組み。（　）
5 ✦二枚舌を使う。（　）
二枚舌＝つじつまが合わないことを言うこと。
6 胃カメラの検査。（　）
7 父の背広。（　）
8 舌打ちの音。（　）
9 背筋をのばす。（　）
10 ✦反骨精神でいどむ。（　）
反骨精神＝権力などに逆らおうとする気持ち。

3 漢字を書きましょう。（一つ4点）

1 ビルを✦□□《はいけい》に立つ。
2 □□《いちょう》が弱い。
3 足を✦□□《こっせつ》する。
4 □《した》を出す。
5 □□《せいくら》べ
6 □□《いえき》がこみ上げる。
7 □□《せなか》の□《ほね》。
8 □□《だいちょう》の動き。
9 荷物を□□《せお》う。
10 ✦□□《てっこつ》の建物。

漢字を知っトク！「背」を「せい」と読むときは，身長のことを表すよ。例 上背《うわぜい》（背の高さのこと）・中肉中背《ちゅうにくちゅうぜい》（平均的な体型）

41 確認《かくにん》テスト 8

名前　　月　日　目標 15分　　点

1 ――の漢字の読みがなを書きましょう。（一つ3点）

❶ ふたを 閉 じる。（　　）

❷ 胃液 が出る。（　　）

❸ 制度を 改革 する。（　　）

❹ 発表の 骨組 みを考える。（　　）

❺ 絹糸 をつむぐ。（　　）

❻ 見事な演技に 舌 を巻く。（　　）

❼ 立憲 政治の歴史。（　　）

❽ 立ち入らないよう 警告 する。（　　）

❾ 法律 に従って人を 裁 く。（　　）（　　）

❿ 画家の 遺作 の著作《ちょさく》 権 を管理する。（　　）（　　）

2 ――の漢字の読みがなを書きましょう。（一つ3点）

❶ 規模 の大きい店。（　　）

❷ 電車の 模型 を作る。（　　）

❸ リュックを 背負 う。（　　）

❹ 背比 べをする。（　　）

漢字を知っトク！「革」には動物の皮という意味の他に，改めるという意味があるよ。「改革」「革命」などの言葉がその例だね。

3 漢字を書きましょう。（〰〰は、漢字と送りがなで書きましょう。）（一つ3点）

❶ 明日《あす》の（　　　　）《そらもよう》。

❷ （　　　）《いさん》を相続する。

❸ （　）《かいこ》がまゆを作る。

❹ うでを（　　　）《こっせつ》する。

❺ （　　　　）《いちょうやく》を買う。

❻ 健康に生きる（　　　）《けんり》。

❼ （　　　　　　）《さいばんしょ》が決定を下す。

❽ ほおを（　）《〰そめる〰》。

❾ （　）《きぬ》のハンカチを（　　　）《ゆうそう》する。

❿ （　　　）《けんちょう》の正門は五時に（　）《〰しまる〰》。

4 似た形の漢字を書きましょう。（一つ4点）

❶ （　）《へい》会式に出る。

❷ 新製品の（　）《かい》発。

❸ 残（　）《しょ》が厳しい。

❹ 用紙に（　）《しょ》名する。

漢字を知っトク! 「けんちょう」は，けんの仕事を行う役しょ。「都ちょう」「府ちょう」など，各都道府けんに一つずつあるよ。

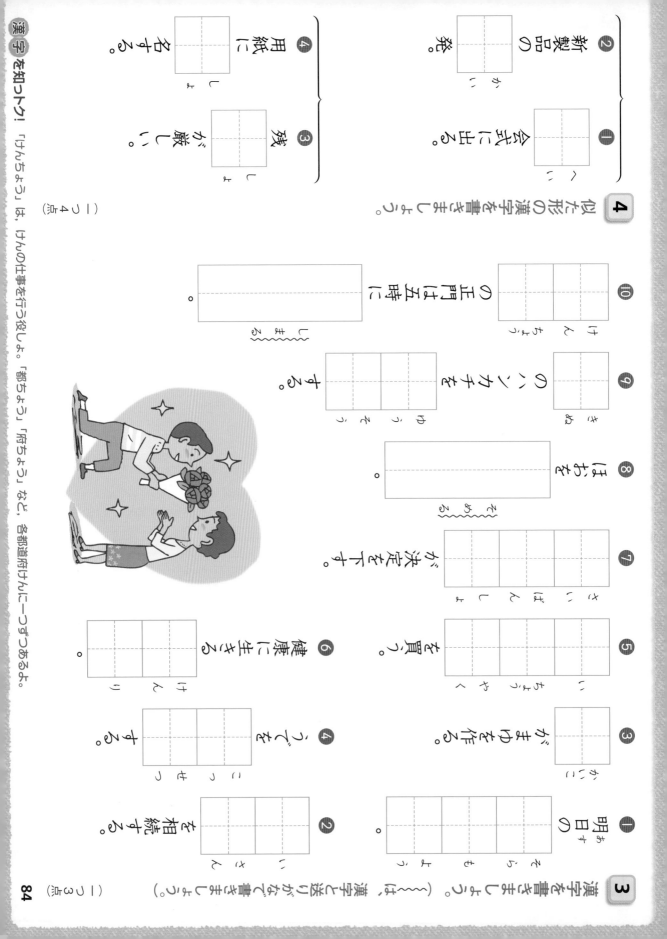

42 認・欲・疑・否・誤

名前

月　日　時　分～　時　分

点

筆順　1　2　3　4　5　まちがえやすいところ…

認（14画）

わすれずに　曲げてはねる　止める

読み方　音（ニン）　訓 みとめる

言葉
実力《じつりょく》を認《みと》める
認《みと》め印《いん》

注意　送りがなを「認る」としないように気をつけましょう。

認　ごんべん

欲（11画）

あける　はねる　はらう

読み方　音 ヨク　訓（ほしい）

言葉
意欲《いよく》　食欲《しょくよく》
欲張《よくば》る　欲望《よくぼう》
欲を出《だ》す

注意　読みが同じで、形の似た字に「浴」があるので注意しましょう。

欲　あくび かける

疑（14画）

つき出さない　はねる　はらう

読み方　音 ギ　訓 うたがう

言葉
疑問《ぎもん》　質疑《しつぎ》
半信半疑《はんしんはんぎ》
疑《うたが》わしい

ポイント　「疑う」の反対の意味の言葉は「信じる」です。

疑　ひき

否（7画）

はらう　止める

読み方　音 ヒ

言葉
安否《あんぴ》
否決《ひけつ》
否定《ひてい》
合否《ごうひ》

成り立ち　「口」と「不」（…ではない）を合わせた字です。　不＋口

否　くち

誤（14画）

一画で　止める

読み方　音 ゴ　訓 あやまる

言葉
誤解《ごかい》　誤差《ごさ》
誤字《ごじ》　誤用《ごよう》
書《か》き誤《あやま》る

注意　「誤る」は、まちがえるという意味。おわびをする意味では使いません。

誤　ごんべん

1 □に漢字を書きましょう。（うすい字はなぞりましょう。）（一つ2点）

① □《みと》める
② 意《い》□《よく》
③ □《よく》張《ば》る
④ □《ぎ》問《もん》
⑤ □《うたが》う
⑥ □《ひ》定《てい》
⑦ □《ご》解《かい》
⑧ □《あやま》る

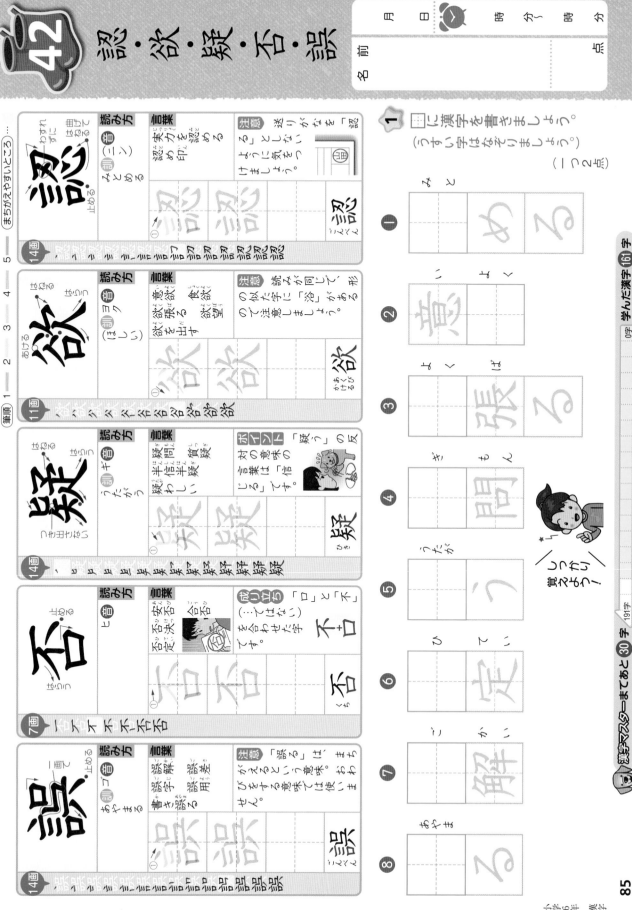

✦…まちがえやすい漢字

2 ——の漢字の読みがなを書きましょう。（一つ4点）

1. 認め印をおす。（　）
認め印＝認めたことを示すためにおすはんこ。
2. 欲望をおさえる。（　）
3. 誤字を正しく直す。（　）
4. ✦欲張ると失敗する。（　）
5. 案が否決される。（　）
6. ことわざを誤用する。（　）
7. 相手の言葉を疑う。（　）
8. あて名を書き誤る。（　）
9. 旅行者の✦安否を確かめる。（　）
安否＝無事かどうかということ。
10. 半信半疑で話を聞く。（　）
半信半疑＝半分信じ、半分うたがっている様子。

3 漢字を書きましょう。（〰〰は、漢字と送りがなで書きましょう。）（一つ4点）

1. 学習《いよく》がわく。
2. 友人の《ごかい》がとける。
3. 《ぎもん》に思う。
4. 《しょくよく》がある。
5. 試験の《ごうひ》。
6. ✦《しつぎ》応答の時間。
しつぎ応答＝しつもんと、それに対する回答。
7. わずかな《ごさ》が生じる。
8. 《うたが》いを《ひてい》する。
9. 答えを書き✦《あやまる》。
10. 実力を《みとめる》。

漢字を知っトク！「安否」の「否」は，前の言葉の下に付いて，前の言葉と反対の意味を表すよ。

43 著・訳・誌・創・冊

名前　　　点

月　日　　時　分～　時　分

筆順　1　2　3　4　5　まちがえやすいところ…

著（11画）

上より長く　はらう

一 艹 艹 艹 艹 芏 芏 茡 著 著 著

読み方　音 チョ　訓（あらわす）（いちじるしい）

言葉　著作《ちょさく》　著述《ちょじゅつ》　著名《ちょめい》　著者《ちょしゃ》　著書《ちょしょ》　名著《めいちょ》

注意　形の似た字に「署」があるので注意しましょう。　著　署

著　くさかんむり

訳（11画）

折る　つける位置に注意　はらう

、 亠 言 言 言 言 言 訁 訂 訳 訳

読み方　音 ヤク　訓 わけ

言葉　通訳《つうやく》　訳者《やくしゃ》　言《い》い訳《わけ》　名訳《めいやく》　訳《やく》す

注意　訓読み「わけ」には送りがなは付きません。音読み「ヤク」との使い分けに注意しましょう。

訳　ごんべん

誌（14画）

上より短く　曲げてはねる　止める

、 亠 亠 言 言 言 言 言 計 計 誌 誌 誌 誌

読み方　音 シ

言葉　雑誌《ざっし》　週刊誌《しゅうかんし》　日誌《にっし》　誌面《しめん》

成り立ち　ことば（言）をとどめておく（志）ことを表した字です。

誌　ごんべん

創（12画）

わすれずに　はらう　はねる

ノ 人 今 今 今 今 今 倉 倉 倉 創 創

読み方　音 ソウ　訓 つくる

言葉　創作《そうさく》　創立《そうりつ》　文化《ぶんか》を創《つく》る　創造《そうぞう》　独創《どくそう》

ポイント　「創る」は「文化を創る」のように、新しく生み出すという意味で使います。

創　りっとう

冊（5画）

つき出さない　つき出す　はねる

丨 冂 冂 冊 冊

読み方　音 サツ

言葉　冊子《さっし》　冊数《さっすう》　別冊《べっさつ》

ポイント　「〜冊」は、本やノートなどとじてあるものを数えるときに使います。

冊　どうがまえ　けいがまえ　まきがまえ

1　□に漢字を書きましょう。（うすい字はなぞりましょう。）（一つ2点）

❶ ちょしゃ　□者

❷ つうやく　通□

❸ やくす　□す

❹ いいわけ　言い□

❺ ざっし　雑□

❻ そうさく　□作

❼ つくる　□る

❽ べっさつ　別□

✦…まちがえやすい漢字

2 ――の漢字の読みがなを書きましょう。（一つ4点）

❶ 無料で✦冊子を配る。（　）

❷ 著名な評論家。（　）

❸ 誌面に写真がのる。（　）

❹ 独創的な絵画。（　）

❺ 時間におくれた✦訳を話す。（　）

❻ 小説の著者に会う。（　）

❼ 新しい文化を創造する。（　）
創造＝新しいものを初めてつくり出すこと。

❽ 週刊誌の記事を読む。（　）

❾ 若者が未来を創り出す。（　）

❿ 通訳の仕事をする。（　）

3 漢字を書きましょう。（〰〰は、漢字と送りがなで書きましょう。）（一つ4点）

❶ ［　　］《ざっし》を買う。

❷ 物語を［　　］《そうさく》する。

❸ 専門家の✦［　　］《ちょしょ》。

❹ おすすめの［　　］《いっさつ》。

❺ ［　　］《そうりつ》記念日

❻ 言い［　］《わけ》をする。

❼ ✦［　　］《にっし》を書く。

❽ ［　　］《べっさつ》の付録。

❾ ［　　］《めいちょ》を［　］《やく》す。
めいちょ＝すぐれた本。

❿ 文化を［　　］《つくる》。

漢字を知っトク！「誌面」はざっしの記事がのっているページのこと。「紙面」と書くと新聞などの記事が書いてあるページという意味になるよ。

44 針・棒・磁・鋼・灰

筆順 1 2 3 4 5 まちがえやすいところ…

針（10画）

筆順：ノ 𠆢 亼 今 今 全 余 金 金 針

針

止める　長く　右上へ

読み方　音 シン　訓 はり

言葉　針葉樹《しんようじゅ》　秒針《びょうしん》　短針《たんしん》　方針《ほうしん》　つり針《ばり》　針金《はりがね》

ポイント　船のら針盤《しんばん》のはりが指す方向を「針《しん》路《ろ》」といいます。「進路」と区別しましょう。

針（かねへん）

棒（12画）

筆順：一 十 才 木 木 杧 栐 栐 栐 椿 棒 棒

棒

いちばん長く　上より長く　止める

読み方　音 ボウ

言葉　金棒《かなぼう》　鉄棒《てつぼう》　棒切《ぼうき》れ　棒グラフ　棒線《ぼうせん》

注意　右側の横画の数は、上が三本、下が二本です。

棒

棒（きへん）

磁（14画）

筆順：一 ア 不 石 石 石' 石'' 矿 矿 砬 砬 磁 磁 磁

磁

はらう　止める

読み方　音 ジ

言葉　磁気《じき》　磁器《じき》　磁石《じしゃく》　磁力《じりょく》

ポイント　鉄を引きつける性質、鉱物という意味の他に、かたい焼き物という意味もあります。

磁（いしへん）

鋼（16画）

筆順：ノ 𠆢 亼 今 全 全 金 金 釒 釦 釦 釦 鈳 鋼 鋼 鋼

鋼

はねる　折る

読み方　音 コウ　訓（はがね）

言葉　鋼材《こうざい》　製鋼《せいこう》　鋼鉄《こうてつ》　鉄鋼《てっこう》

注意　読みが同じ「鉱」と書きまちがえないようにしましょう。

鋼（かねへん）

灰（6画）

筆順：一 厂 厂 灰 灰 灰

灰

はらう

読み方　音（カイ）　訓 はい

言葉　火山灰《かざんばい》　灰色《はいいろ》　灰皿《はいざら》

注意　部首は「厂」ではなく、「火」です。同じ部首の漢字に「災」「炭」などがあります。

灰（ひ）

1 □に漢字を書きましょう。（うすい字はなぞりましょう。）（一つ2点）

① 秒《びょう》□《しん》

② 方《ほう》□《しん》

③ □《はり》金《がね》

④ 鉄《てつ》□《ぼう》

⑤ □《ぼう》線《せん》

⑥ □《じ》石《しゃく》

⑦ 鉄《てっ》□《こう》

⑧ □《はい》色《いろ》

漢字マスターまであと20字　191字　0字　学んだ漢字171字

2 ──の漢字の読みがなを書きましょう。（一つ4点）

✦…まちがえやすい漢字

1. 時計《とけい》の 秒針。（　　）
2. テーブルの上の 灰皿。（　　）
3. 磁気 を帯びた機器。（　　）
   磁気＝鉄を引きつけるなどのじしゃくの性質。
4. 針葉樹 の林が続く。（　　）
   針葉樹＝葉が針のように細長い形をしている木。
5. 文字を 棒線 で消す。（　　）
6. つり 針 に魚がかかる。（　　）
7. ✦鉄鋼 を加工する。（　　）
8. 磁力 を利用する。（　　）
   磁力＝じしゃくのもつ力。
9. おにに✦金棒（　　）
   おにに金棒＝強いものがさらに強くなることのたとえ。
10. 火山灰 が積もる。（　　）

3 漢字を書きましょう。（一つ4点）

1. □□《てつぼう》にぶら下がる。
2. 紙が燃え、□《はい》になる。
3. □□《じしゃく》を使う。
4. ✦□□《はりがね》を曲げる。
5. □□《はいいろ》のねこ。
6. □□《ほうしん》を立てる。
7. 建設現場に□□《こうざい》を運ぶ。
   こうざい＝かたいてつのぼうや板など、ざいりょう用に手を加えたてつ。
8. 時計の□□《たんしん》。
9. ✦□□《じき》の茶わん。
   じき＝白くてかたく、半分すき通った焼き物。
10. □□《こうてつ》の□《ぼう》。
    こうてつ＝打って強くした、かたくてじょうぶなてつ。

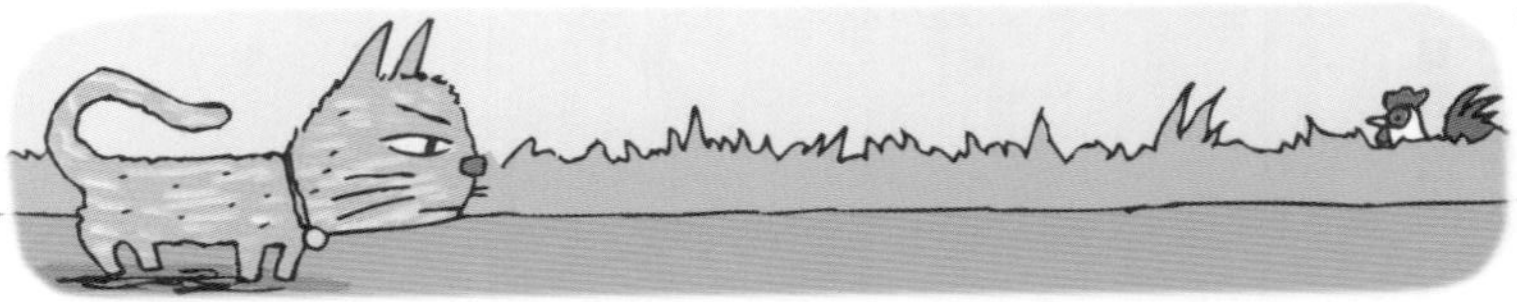

漢字を知っトク! 「鉄鋼」と「鉄鉱」は同じ読み方の言葉。「鉄鋼」はざいりょう用に精製された鉄，「鉄鉱」は鉄の原料にする鉱石のことだよ。

45 誕・幼・若・存・亡

名前　　点

月　日　時　分～　時　分

筆順 1 2 3 4 5　まちがえやすいところ…

誕（15画）

二画で　止める　はらう

言 言 言 言 言 言 言 言ノ 言亻 言千 言壬 言正 言正 誕 誕

読み方 音 タン

言葉 生誕《せいたん》 誕生《たんじょう》 誕生日《たんじょうび》

注意 右側を「廷」と書かないように注意しましょう。

×誕

ごんべん

幼（5画）

つき出す　折る　はねる

く 幺 幺 幻 幼

読み方 音 ヨウ　訓 おさない

言葉 幼児《ようじ》 幼少《ようしょう》 幼虫《ようちゅう》 幼《おさな》なじみ

注意 送りがなを「幼ない」としないように気をつけましょう。

よう　いとがしら

若（8画）

つき出す　はらう

一 十 卄 ⺾ 艹 芋 若 若

読み方 音 （ジャク）　訓 わかい

言葉 若返《わかがえ》る 若葉《わかば》 若者《わかもの》

ポイント 「老」は、「若」と意味が反対の字です。

くさかんむり

存（6画）

少しつき出す　止める　はねる　そって

一 ナ ナ 广 存 存

読み方 音 ソン　ゾン

言葉 存在《そんざい》 存分《ぞんぶん》 保存《ほぞん》 存続《そんぞく》

ポイント 「現存」のように、「存」を「そん」「ぞん」のどちらでも読む言葉もあります。

こ

亡（3画）

たてに　注意　つける位置に　曲げて止める

丶 亠 亡

読み方 音 ボウ

言葉 興亡《こうぼう》 存亡《そんぼう》 亡命《ぼうめい》 死亡《しぼう》

成り立ち 人（またはもの）を囲いでかくす様子を表した字です。

なべぶた　けいさんかんむり

1 ⬚に漢字を書きましょう。（うすい字はなぞりましょう。）（一つ2点）

① たん　じょう　び（生日）

② よう　じ（児）

③ おさな（い）

④ わか（い）

⑤ わか　もの（者）

⑥ そん　ざい（在）

⑦ ほ　ぞん（保）

⑧ し　ぼう（死）

✦…まちがえやすい漢字

2 ――の漢字の読みがなを書きましょう。（一つ4点）

1 気持ちが 若返 る。（　　）

2 幼 なじみと会う。（　　）
幼なじみ＝小さいころの友達《ともだち》。小さいころからの友達。

3 作家の✦ 生誕 の地。（　　）

4 ✦存分 に意見を出す。（　　）
存分＝じゅう分。

5 アメリカに 亡命 する。（　　）
亡命＝政治上の理由などで外国にのがれること。

6 幼子 をおんぶする。（　　）

7 組織が 存続 する。（　　）

8 若手 選手の活やく。（　　）

9 父の 幼少 のころ。（　　）

10 古代国家の✦ 興亡。（　　）
興亡＝栄えることとほろびること。

3 漢字を書きましょう。（〰〰は、漢字と送りがなで書きましょう。）（一つ4点）

1 □《しぼう》 届《とどけ》を出す。

2 宇宙人の✦ □《そんざい》。

3 □《わかば》 の季節。

4 □《よう》 ち園に通う。

5 □《ほぞん》 食品

6 □《ようちゅう》 の □《たんじょう》。

7 地球✦ □《そんぼう》 の危機。

8 ほがらかな □《わかもの》。

9 □（〰おさない〰） 妹を守る。

10 年が □（〰わかい〰）。

漢字を知っトク! 「興亡」は，栄える意味の「興」とほろびる意味の「亡」という，反対の意味の漢字を組み合わせた熟語だよ。

46 確認《かくにん》テスト 9

月　日
目標 15分
名前
点

1 ——の漢字の読みがなを書きましょう。（一つ3点）

① 磁石の性質を利用する。

② テレビは身近な存在だ。

③ 疑問をいだく。

④ 若葉がおいしげる。

⑤ これまでの説を否定する。

⑥ 有名人の死亡のニュース。

⑦ 妹の誕生日を祝う。

⑧ 明るい未来を創る。

⑨ 日誌の記述に誤字を見つける。

⑩ 無名の著者が世に認められる。

2 ——の漢字の読みがなを書きましょう。（一つ3点）

① 幼なじみとの別れ。

② あどけない幼児。

③ 今後の方針を決める。

④ 針金を巻きつける。

漢字を知っトク！「日誌」は，日記のように毎日のことを記したもの。日記よりもみんなに見せるおおやけのものをいうよ。

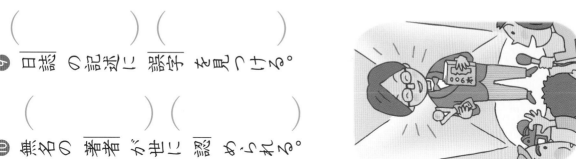

3 漢字を書きましょう。（〰〰は、漢字と送りがなで書きましょう。） （一つ3点）

1 人気小説家の□□《ちょさく》。

2 火ばちの□《はい》。

3 議会で□□《ひけつ》される。

4 字を書き□《あやま》る。

5 英語の□□《つうやく》をする。

6 野菜を□□《ほぞん》する。

7 相手の考えを□《みとめる》。

8 目を□《うたがう》ような光景が広がる。

目をうたがう＝見まちがいかと思うほど、目の前のことが信じられない。

9 芸術家が□□《いよくてき》に□□《そうさく》活動を行う。

10 読んだ本の□□《さっすう》を□《ぼう》グラフで示す。

4 同じ読み方をする漢字を書きましょう。 （一つ4点）

1 新聞□《し》を丸める。

2 週刊□《し》を買う。

3 鉄□《こう》石の産地。

4 製□《こう》所で働く。

漢字を知っトク！ 「ひけつ」の反対のいみの言葉は「かけつ」だよ。どちらも会議などで話し合ってきめる際に使われる言葉だね。

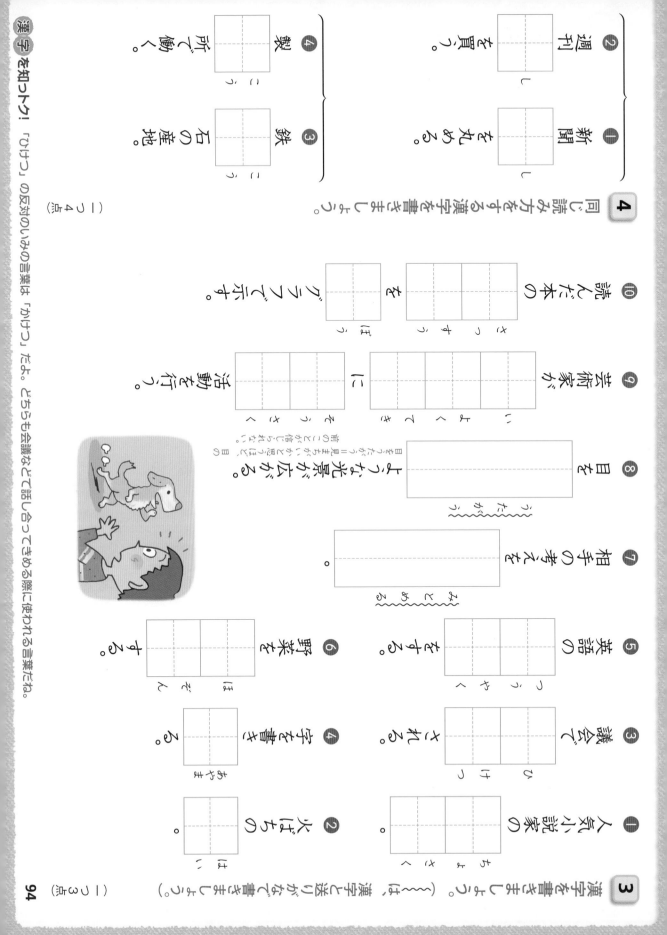

47 乳・卵・糖・俵・穀

筆順 1 2 3 4 5 まちがえやすいところ…

乳（8画）

はらう　向きに注意　はねる　曲げてはねる

筆順：乚 乛 𠂉 乎 乎 孚 孚 乳

読み方 音 ニュウ　訓 ちち （ち）

言葉 牛乳《ぎゅうにゅう》　乳児《にゅうじ》　乳製品《にゅうせいひん》　母乳《ぼにゅう》　乳《ち》しぼり

注意 左上の「⺥」のはらいや点の向きに注意しましょう。

乳　おつ　乳

卵（7画）

はらう　はねる

筆順：ˊ 𠂉 𠂊 卯 卯 卵 卵

読み方 音 （ラン）　訓 たまご

言葉 魚《さかな》の卵《たまご》　卵《たまご》を産む　生卵《なまたまご》　ゆで卵《たまご》

成り立ち 魚やかえるのたまごをえがいた字です。

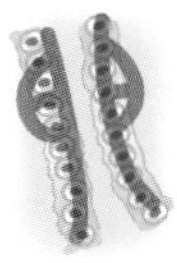

卵　わりふ　ふしづくり　卵

糖（16画）

はらう　たてに　つき出さない

筆順：丶 丷 㐅 半 米 米 米' 粁 粁 粁 粐 粐 糖 糖 糖 糖

読み方 音 トウ

言葉 砂糖《さとう》　糖分《とうぶん》　ぶどう糖《とう》

注意 右側の縦画は下につき出さないように書きましょう。

糖　こめへん　糖

俵（10画）

いちばん長く　はらう　はねる

筆順：ノ イ 仁 仹 仹 佬 佬 俵 俵 俵

読み方 音 ヒョウ　訓 たわら

言葉 五俵《ごひょう》　米俵《こめだわら》　炭俵《すみだわら》　土俵《どひょう》

ポイント 「俵《ひょう》」はたわらに入った米などを数えるときの言葉。一俵の米は約六十キログラムです。

俵　にんべん　俵

穀（14画）

上より短く　わすれずに　はらう

筆順：一 十 士 吉 吉 吉 声 声 荣 荣 荣 荣 穀 穀

読み方 音 コク

言葉 穀倉地帯《こくそうちたい》　穀物《こくもつ》　穀類《こくるい》　雑穀《ざっこく》　米穀《べいこく》

注意 左下の「禾」を、「木」と書かないようにしましょう。

穀　のぎへん　穀

名前　月　日　時　分〜　時　分　点

1 ⊞に漢字を書きましょう。（うすい字はなぞりましょう。）（一つ2点）

① 牛《ぎゅう》□《にゅう》

② □《ちち》

③ 生《なま》□《たまご》

④ □《たまご》

⑤ 砂《さ》□《とう》

⑥ 土《ど》□《ひょう》

⑦ 米《こめ》□《だわら》

⑧ □《こく》物《もつ》

よく使う言葉だよ。

漢字マスターまであと10字　191字　0字　学んだ漢字181字

2 ――の漢字の読みがなを書きましょう。（一つ4点）

✦…まちがえやすい漢字

1. 力士が土俵に上がる。（　　）
2. 牛の乳しぼりをする。（　　）
3. ✦雑穀入りのパン。（　　）
   雑穀＝米・麦以外の穀るい。
4. 乳歯がぬける。（　　）
5. 糖分の多い料理。（　　）
6. 乳児の世話をする。（　　）
7. ✦生卵をご飯にかける。（　　）
8. 炭俵をかつぐ。（　　）
9. 米穀の価格が下がる。（　　）
   米穀＝米。または米をふくめた穀もつ。
10. 子に母乳をあたえる。（　　）

3 漢字を書きましょう。（一つ4点）

1. ［　　］《たまご》を割る。
2. ［　　］《さとう》の分量。
3. ✦［　　］《こくそう》地帯を行く。
4. 毎朝、［　　］《ぎゅうにゅう》を飲む。
5. ［　　］《いっぴょう》の米。
6. ［　　］《こくるい》の消費量が多い。
7. ［　　］《にゅうせいひん》を買う。
8. ぶどう［　　］《とう》をとる。
   ぶどうとう＝果物《くだもの》やはちみつなどに多くふくまれる、あまみのある成分。
9. やぎの［　　］《ちち》のチーズ。
10. ✦［　　］《こくもつ》の［　　］《たわら》。

漢字を知っトク! 「こくもつ」にはどんなものがあるかな。「五穀」といって，米・麦・アワ・キビ・豆の五種類がその代表だよ。

48 腹・脳・胸・臓・肺

名前　　点
月　日　時　分～　時　分

筆順 1 2 3 4 5　まちがえやすいところ…

腹（13画）

つき出す　はらう

読み方　音 フク　訓 はら

言葉　空腹《くうふく》　中腹《ちゅうふく》　腹痛《ふくつう》　腹部《ふくぶ》　腹《はら》が立《た》つ

ポイント　おなかという意味の他、心という意味もあります。

にくづき　腹

脳（11画）

向きに注意　折る

読み方　音 ノウ

言葉　首脳《しゅのう》　大脳《だいのう》　頭脳《ずのう》　脳天《のうてん》

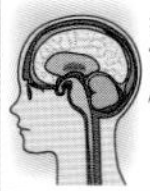

成り立ち　もとの字は「腦」で、「月」(肉)と「𡿺」(あたま)を合わせ、「のうみそ」を表します。

にくづき　脳

胸（10画）

はねる

読み方　音 キョウ　訓 むね (むな)

言葉　胸囲《きょうい》　胸中《きょうちゅう》　胸部《きょうぶ》　度胸《どきょう》　胸《むね》を張《は》る

ポイント　「胸を打つ」「胸を張る」「胸が痛む」など、「胸」を使った慣用句はたくさんあります。

にくづき　胸

臓（19画）

わすれずに　はねる

読み方　音 ゾウ

言葉　心臓《しんぞう》　臓器《ぞうき》　内臓《ないぞう》

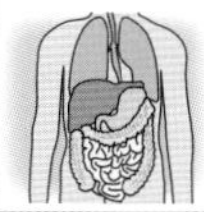

ポイント　「臓」の字を使った体の器官には、「心臓」「腎臓《じんぞう》」「肝臓《かんぞう》」などがあります。

にくづき　臓

肺（9画）

たてに　はねる

読み方　音 ハイ

言葉　肺活量《はいかつりょう》　人間《にんげん》の肺《はい》

成り立ち　「月」(肉)と「市」(二つに分かれる)を合わせて、左右にある内臓を表した字です。

にくづき　肺

---

1 □に漢字を書きましょう。（うすい字はなぞりましょう。）（一つ2点）

❶ くうふく（空□）
❷ ふくつう（□痛）
❸ はら（□）
❹ ずのう（頭□）
❺ きょうい（□囲）
❻ むね（□）
❼ しんぞう（心□）
❽ はい（□）

漢字マスターまであと 5 字　191字　0字　学んだ漢字 186 字

✦…まちがえやすい漢字

2 ——の漢字の読みがなを書きましょう。（一つ4点）

1. 心臓（　　）の音を聞く。
2. 脳天（　　）にひびく高い声。
脳天＝あたまのてっぺん。
3. 複雑な胸中（　　）を語る。
胸中＝心の思い。
4. 山の✦中腹（　　）にある小屋。
5. 胸部（　　）のレントゲン写真。
6. 肺活量（　　）が少ない。
肺活量＝息を吸ってはくときに出せる空気の量。
7. 腹痛（　　）で学校を休む。
8. ✦右胸（　　）に手を当てる。
9. 毛糸の腹巻（　　）きをする。
10. 各国の首脳（　　）が集まる。
首脳＝政府や組織などで中心となる人。

3 漢字を書きましょう。（一つ4点）

1. □□《むね》がおどる。
むねがおどる＝期待でわくわくする。
2. □□《はら》を立てる。
はらを立てる＝おこる。
3. □□《ないぞう》の働き。
4. すぐれた✦□□《ずのう》をもつ。
5. □□《どきょう》のいい母。
6. おやつで□□《くうふく》を満たす。
7. ✦□□《きょうい》を測る。
8. 人の□□《だいのう》の構造。
9. □《はい》に空気を取りこむ。
10. □□《ふくぶ》の□□《ぞうき》。

漢字を知っトク! 「腹」「脳」のように，体に関係のある字には「⺼」が付く。「胃」や「背」など，字の左側ではない部分に付くこともあるよ。

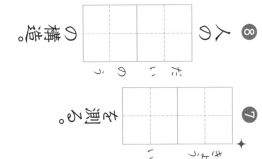

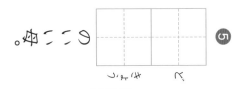

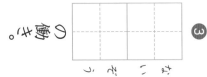

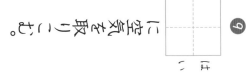

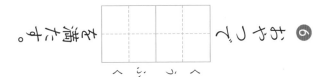

49 奏・詞・皇・后・陛

名前　　月　日　時　分～　時　分　　点

筆順 1 2 3 4 5　（まちがえやすいところ）…

奏（9画）

一 二 三 夫 夫 奏 奏 奏 奏

つける位置に注意　つき出さない　止める　いちばん長く

読み方 音 ソウ

言葉 演奏《えんそう》　合奏《がっそう》　独奏《どくそう》

注意 五画目の、右はらいの書き始めの位置に注意しましょう。

奏　だい

詞（12画）

、 亠 亠 亠 言 言 言 言 訁 訂 詞 詞

わすれずに　はねる

読み方 音 シ

言葉 歌詞《かし》　動詞《どうし》　品詞《ひんし》　作詞《さくし》

注意 「詩」との使い分けに注意。「詞」は主に言葉のこと、「詩」は一定の形式で表す文学の一つ。

詞　ごんべん

皇（9画）

ノ ｲ 白 白 白 白 皁 皁 皇

ななめに　つき出さない　いちばん長く

読み方 音 コウ　オウ

言葉 皇居《こうきょ》　皇室《こうしつ》　皇太子《こうたいし》　天皇《てんのう》　法皇《ほうおう》

注意 「天皇」というときは、「皇」を「オウ」ではなく、「ノウ」と読みます。

皇　しろ

后（6画）

ノ 厂 户 斤 后 后

つける　はらう　折る

読み方 音 コウ

言葉 皇后《こうごう》

注意 三画目の横画を忘れないように注意しましょう。

后　くち

陛（10画）

ﾌ 阝 阝 阝 阝 阝 阝 阝 陛 陛

二画で　曲げてはねる　上より長く

読み方 音 ヘイ

言葉 皇后陛下《こうごうへいか》　天皇陛下《てんのうへいか》　陛下《へいか》

ポイント 「陛下」は、天皇や皇后などを敬って付ける言葉です。「陛」は宮でんへの階段の意味。

陛　こざとへん

1 □に漢字を書きましょう。（うすい字はなぞりましょう。）（一つ2点）

① えんそう　演□
② がっそう　合□
③ かし　歌□
④ どうし　動□
⑤ こうきょ　□居
⑥ てんのう　天□
⑦ こうごう　□□
⑧ へいか　□下

2 ——の漢字の読みがなを書きましょう。（一つ4点）

✦…まちがえやすい漢字

1 名詞と動詞。（　　）（　　）
2 皇族の血を引く。（　　）
皇族＝天皇の一族。
3 クラスで合奏する。（　　）
4✦ 皇后が言葉を述べる。（　　）
皇后＝天皇の妻。
5 品詞の働きを学ぶ。（　　）
6 皇太子をむかえる。（　　）
皇太子＝天皇の位をつぐ皇子。
7 協奏曲をきく。（　　）
協奏曲＝ピアノなど一人《ひとり》でえん奏するどく奏楽器と管弦楽《かんげんがく》とが合奏する曲。
8 皇子として生まれる。（　　）
皇子＝天皇のむすこ。
9 陛下に申し上げる。（　　）
10✦ 天皇の訪問先。（　　）

3 漢字を書きましょう。（一つ4点）

1 □□□《りょうへいか》の会見。
2 □□《こうしつ》の方々。
3 □□□《けいようし》の性質。
4✦ □□《こうごう》様
5 ピアノの□□《どくそう》。
6✦ 天のうの第一□□《おうじょ》。
おうじょ＝天のうのむすめ。
7 □□《かし》を口ずさむ。
8 □□《ほうおう》の位をさずかる。
9 校歌を□□《さくし》する。
10 □□《こうきょ》での□□《えんそう》。

漢字を知っトク！ 一つ一つの言葉を，意味や働きなどによって分けたものを「品詞」というよ。「名詞」「動詞」も品詞の一つだよ。

50 確認《かくにん》テスト 10

名前　　月　日　目標 15分　点

1 ——の漢字の読みがなを書きましょう。（一つ3点）

① 自分で 作詞 した曲。（　　）

② 砂糖 をまぶしたおかし。（　　）

③ 度胸 のすわった人。（　　）
度胸がすわる＝何があっても落ち着いている。

④ 大脳 の働きを知る。（　　）

⑤ 肺 に空気を入れる。（　　）

⑥ にわとりが 卵 を産む。（　　）

⑦ 穀物 を生産する。（　　）

⑧ 皇后 の姿を拝見する。（　　）

⑨ 皇居 で 演奏会 が開かれる。（　　）（　　）

⑩ 土俵 の上の対戦に 心臓 が高鳴る。（　　）（　　）

2 ——の漢字の読みがなを書きましょう。（一つ3点）

① 一リットルの 牛乳。（　　）

② しぼりたての牛の 乳。（　　）

③ 腹部 をさする。（　　）

④ 腹 をかかえて笑い転げる。（　　）

 漢字を知っトク！「后」は「きさき」という意味の漢字。「皇后」の他に，「皇太《たい》后（先代の天皇のきさき）」などの言葉もあるよ。

3 漢字を書きましょう。 （一つ3点）

❶ □□《がっそう》の練習。

❷ □□《きょうちゅう》を察する。

❸ 重い□□《こめだわら》を運ぶ。

❹ □□《なまたまご》を食べる。

❺ □□《はいかつりょう》がある。

❻ □□《ぼにゅう》で育てる。

❼ □□《てんのうへいか》が言葉を述べる。

❽ 豊かな□□《こくそうちたい》が広がる。

❾ 切ない□□《かし》とメロディーが□《むね》を打つ。

❿ □□《とうぶん》の多い果物《くだもの》で□□《くうふく》を満たす。

4 同じ読み方をする漢字を書きましょう。 （一つ4点）

❶ 運動□《のう》力が高い。
❷ 人工頭□《のう》の研究。

❸ 美術品を所□《ぞう》する。
❹ 内□《ぞう》の病気を治す。

漢字を知っトク！ 「所ぞう」と「内ぞう」の「ぞう」は，音が同じであるだけでなく漢字の形もよく似ているよ。部首に注意して書こう。

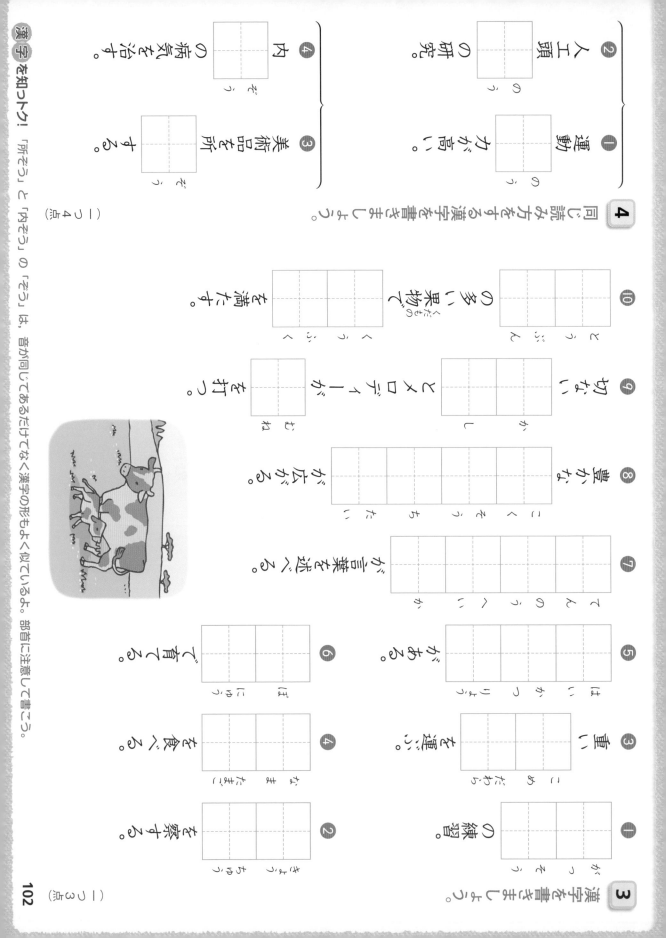

51 仕上げのテスト 1

月　日　●目標 15分

名前　　　　点

1 ――の漢字の読みがなを書きましょう。（一つ3点）

❶ 棒磁石（　　）で砂鉄を集める。

❷ 師の遺業（　　）を受けつぐ。

❸ 皇后陛下（　　）の訪問日程。

❹ 家族で社宅（　　）に住む。

❺ 聖人（　　）と呼ばれた人物。

聖人＝ちえがあり、行いがすぐれ、人から尊敬されている人。

❻ 子の不孝（　　）をなげく。

❼ 学問を体系（　　）づける。

❽ 本当かどうか疑（　　）わしい。

2 漢字を書きましょう。（一つ4点）

❶ 川の□□《みなもと》をたどる。

❷ 無力さを□□□□《つうかん》する。

❸ □□□□《いっしゃく》の長さ。

いっしゃく＝「しゃく」は昔の長さの単位。「いっしゃく」は約三十センチメートル。

❹ お手紙、□□□□《はいどく》しました。

❺ □□□□《みつりん》に入る。

❻ 五つの□□□□《かいそう》に分類する。

かいそう＝段かい的にそうを形づくるものの各そう。

❼ 本の□□《なら》べ方を工夫《くふう》する。

 漢字を知っトク！「はいどく」の「はい」は，動作を表す語の前に付けて相手を敬う気持ちを表すよ。「はいけん」などの言葉もあるね。

3 漢字と送りがなで書きましょう。（一つ3点）

❶ 勇気を［　　］。（ふるう）

❷ 二つに［　　］。（われる）

❸ 時を［　　］。（きざむ）

❹ 食事を［　　］。（すます）

4 □の漢字に共通して付けられる部首の形を書きましょう。（一つ3点）

❶ 玉　由　示　（　　）

❷ 広　比　軍　（　　）

❸ 方　者　志　（　　）

5 □に当てはまる、同じ読み方で意味のちがう漢字を書きましょう。（一つ3点）

・トウ

❶ □分の間。

❷ □分に分ける。

❸ □分が多い。

・うつ（る）

❹ 字が紙の裏に□る。

❺ 鏡に□る。

❻ 席を□る。

・おさ（める）

❼ 学問を□める。

❽ 税を□める。

❾ 箱に□める。

❶［　］　❷［　］　❸［　］

❹［　］　❺［　］　❻［　］

❼［　］　❽［　］　❾［　］

漢字を知っトク!　「漢字の組み立て」の種類は，大きく分けると，「へん」「つくり」「かんむり」「あし」「たれ」「にょう」「かまえ」の七つになるよ。

52 仕上げのテスト 2

名前　　　月　日　点　目標 15分

1 ——の漢字の読みがなを書きましょう。（一つ3点）

1 身体測定で 胸囲（　　） を測る。

2 左胸（　　） のポケット。

3 足を 負傷（　　） する。

4 傷口（　　） を消毒する。

5 駅で父の 姿（　　） を見かける。

6 姿勢（　　） を正す。

7 筋肉（　　） をきたえる。

8 首筋（　　） が痛む。

2 似た意味の漢字を組み合わせた言葉になるように、□に当てはまる漢字の読みを後の□から一つずつ選んで、漢字で書きましょう。（一つ4点）

1 □□暴

2 □□上

3 □□足

4 □□険

5 □□生

6 忠□□

せい　たん　ちょう　き　ほ　らん

 漢字を知っトク! 似た意味の漢字を組み合わせた言葉かどうかを見分けるには，それぞれの漢字を訓読みにしてみるとわかりやすいよ。

3 同じ部分をもつ漢字を書きましょう。（一つ3点）

❶ □《けい》語で話す。 ― □《けい》察にさいふを届ける。

❷ 病気で死□《ぼう》する。 ― 宿題を□《わす》れる。

❸ 秘□《ぞう》の名品。 ― □《ぞう》器移植を行う。

4 次の漢字は何画で書きますか。数字で答えましょう。（一つ4点）

❶ 己（　）画

❷ 骨（　）画

❸ 吸（　）画

❹ 誤（　）画

5 反対の意味の言葉になるように、当てはまる漢字を書きましょう。（❺・❻は、漢字と送りがなで書きましょう。）（一つ3点）

❶ 表面 ↔ □面

❷ 悪人 ↔ □人

❸ 常時 ↔ □時

❹ 複雑 ↔ 単□

❺ ドアを開ける。 ↔ ドアを□。

❻ 易しい問題。 ↔ □問題。

漢字を知っトク! 反対の意味の漢字は，その漢字に対して一つだけとは限らないよ。文や言葉の意味をよく考えて書こう。

53 仕上げのテスト 3

名前　　　月　日　　点　●目標 15分

1 【　】の漢字の正しいほうに○をつけ、——の漢字の読みがなを書きましょう。

（両方できて一つ5点）

① 私には【著・署】述業をしているおじがいる。

（　　　　）

② それは新しい時代の【暮・幕】開けとも言える出来事だ。

（　　　　）

③ 好きな本の【巻・券】末に書かれた文章を読む。

（　　　　）

④ 女性【尊・専】用車両のある電車が駅に止まっている。

（　　　　）

2 ——の二つの読み方をする漢字を書きましょう。

（一つ4点）

① 川にそった国道のエン道に花が植えられた。

② ジュウ来の方針にしたがって作業を行う。

③ サイ判によって争いが公平にさばかれる。

④ 雨で順エンされた試合の日程がさらにのびる。

⑤ 休日をのぞく日に、公園のジョ草活動を行うそうだ。

 漢字を知っトク！ 1①の「（著・署）述業」は，文章を書く職業のこと。文章を書くことに関係する漢字は「著」と「署」のどちらかな。

3 漢字を書きましょう。（〰〰は、漢字と送りがなで書きましょう。）（一つ4点）

□《はげしい》雨が、森の□□《じゅもく》も町の□□《かんばん》も

全てを□《あらう》ように降っている。

4 同じ読み方で意味のちがう言葉を漢字で書きましょう。（一つ4点）

① 芸術を□□《そうぞう》する。
② 心情を□□《そうぞう》する。
③ □□《けんとう》がつく。
④ 対策を□□《けんとう》する。
⑤ 三人□□《いじょう》いる。
⑥ □□《いじょう》な暑さ。
⑦ 生活を□□《ほしょう》する。
⑧ 品質を□□《ほしょう》する。

5 二字熟語が三つできるように、□に当てはまる漢字を書きましょう。（一つ3点）

例 水・電　□力　量（水力・電力・力量）

① 共・生　□　在
② 発　□　開・示
③ 規　□　型・様
④ 連・加・同　□

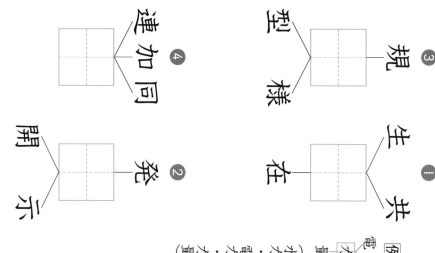

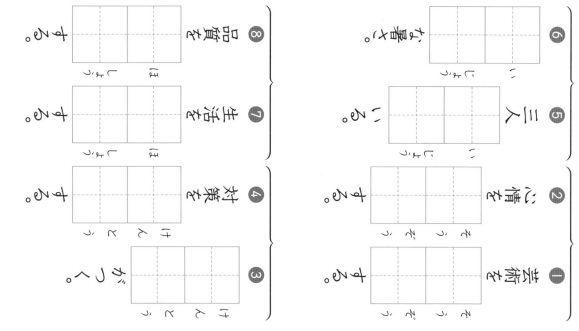

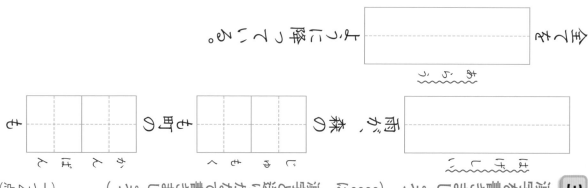

54 仕上げのテスト 4

名前　　月　日　　点　目標 15分

1 次の漢字の読みがなを書き、［　］から似た意味の言葉を選んで、【　】に記号を書きましょう。（両方できて一つ5点）

❶ 負担（　　）【　】

❷ 専念（　　）【　】

❸ 値段（　　）【　】

❹ 内訳（　　）【　】

❺ 立派（　　）【　】

ア 見事　イ 集中　ウ 価格　エ 重荷　オ 明細

2 同じ読み方の漢字を、漢字と送りがなで書きましょう。（一つ3点）

❶ 仏様に［　　］（そなえる）。

❷ 災害に［　　］（そなえる）。

❸ こしを［　　］（おろす）。

❹ 乗客を［　　］（おろす）。

❺ 司会を［　　］（つとめる）。

❻ 会社に［　　］（つとめる）。

❼ 勉学に［　　］（つとめる）。

❽［　　］（あたたかい）部《へ》屋《や》。

❾［　　］（あたたかい）家庭。

 漢字を知っトク！ 訓読みで同じ読み方をする言葉は，同じ漢字を使った同じ意味の熟語にして考えてみると正しい漢字がわかることがあるよ。

3 [ ]から同じ仲間の部首をもつ漢字を組み合わせて言葉を作りましょう。（一つ3点）

①
②
③
④
⑤
⑥

腸	温	挙	晩	恩	視
情	早	泉	覚	胃	推

4 赤い部分は何画目に書きますか。数字で答えましょう。（一つ3点）

① 承（　）画
② 銭（　）画
③ 劇（　）画
④ 衆（　）画

5 反対の意味の漢字を組み合わせた言葉になるように、[ ]に当てはまる漢字の読みを後の[ ]から一つずつ選んで、漢字で書きましょう。（一つ3点）

① [ ]満
② [ ]吸
③ 取[ ]
④ [ ]横
⑤ 公[ ]
⑥ 進[ ]

しゃ　じゅう　たい　かん　こ　し

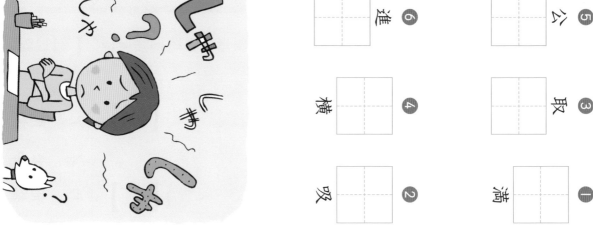

答えとてびき

小学6年　漢字

1 五年生の復習 3・4ページ

1 ①そざい ②いきお ③ひたい ④ぶし ⑤しょうたい ⑥こうりつ ⑦さかあ ⑧もう ⑨きせい ⑩ことわ ⑪るすばん ⑫こ ⑬まず・ゆた ⑭ぼうえき・いとな ⑮しんせいひん・かかく

2 ①校舎 ②質問 ③減少 ④実際 ⑤燃料 ⑥初夢 ⑦理解 ⑧布 ⑨準決勝 ⑩常 ⑪過ごす ⑫確かめる ⑬快い ⑭混ぜる

3 効・評・態・貸(順序なし)

2 届・割・補・洗・捨 5・6ページ

1 ①届 ②割 ③割 ④補 ⑤補 ⑥洗 ⑦洗 ⑧捨

2 ①わ ②せんがん ③とど ④ほそく ⑤す ⑥あら ⑦わりあい ⑧ほじょ ⑨しゅしゃ ⑩りっこうほ

3 ①洗 ②割 ③洗練 ④四捨 ⑤役割 ⑥洗面所 ⑦補欠 ⑧割・捨 ⑨届ける ⑩補う

3 探・降・推・臨・退 7・8ページ

1 ①探 ②探 ③降 ④降 ⑤推 ⑥臨 ⑦退 ⑧退

2 ①さが ②いこう ③たんち ④たいいん ⑤ふ ⑥たんきゅう ⑦お ⑧たいきょ ⑨りんきおうへん ⑩すい

3 ①降 ②探検(探険) ③推理 ④降下 ⑤臨海 ⑥退場 ⑦推測 ⑧臨時・探 ⑨退く ⑩降りる

4 視・呼・座・吸 9・10ページ

1 ①視 ②呼 ③呼 ④座 ⑤座 ⑥呼吸 ⑦吸 ⑧吸

2 ①す ②しりょく ③よ ④しさつ ⑤こおう ⑥せいざ ⑦しかい ⑧ちょくし ⑨きゅう ⑩こうざ

3 ①座席 ②呼吸 ③視線 ④吸・呼 ⑤星座 ⑥視点 ⑦座談会 ⑧点呼 ⑨呼ぶ ⑩吸う

5 誠・純・紅・朗 11・12ページ

1 ①誠 ②誠 ③純 ④純 ⑤紅 ⑥紅 ⑦朗 ⑧朗

2 ①こうはく ②ろうほう ③じゅんきん ④べにばな ⑤せいじゅん ⑥べにいろ ⑦せいい ⑧こういってん ⑨じゅんじょう ⑩ろうろう

3 ①紅茶 ②誠 ③純真 ④口紅 ⑤単純 ⑥紅葉 ⑦朗読 ⑧誠実・純 ⑨明朗 ⑩誠心誠意

6 確認《かくにん》テスト 1 13・14ページ

1 ①よ ②せんれん ③わ ④しかい ⑤こおう ⑥ししゃごにゅう ⑦しりぞ ⑧おぎな ⑨ろうどく・とど ⑩りんじ・ざせき

2 ①ふ ②お ③こうはく ④くちべに

3 ①吸 ②座談会 ③割合 ④後退 ⑤単純 ⑥洗 ⑦深呼吸 ⑧捨てる ⑨推測・探す ⑩誠実・立候補

4 ①降下 ②効果 ③資格 ④視覚

てびき

2 ①・②「降」には「降る」「降りる」とい

3 う訓読みがあるので、送りがなに注意します。
④景気が「後ろに退く」という意味です。
⑤「純」の字の形に注意しましょう。
⑦「しんこきゅう」は深い呼吸のことです。
⑩「補」の字の形に注意しましょう。

7 裏・片・射・至・垂　15・16ページ

1 ①裏　②片　③射　④射　⑤至　⑥至
⑦垂　⑧垂

2 ①かた　②うらじ　③ほうしゃせん
④いた　⑤た　⑥うらがえ　⑦し
⑧すいちょく　⑨とうじ　⑩い

3 ①反射　②片側　③至　④片方　⑤射
⑥裏口　⑦発射　⑧裏庭・片
⑨垂れる　⑩至る

8 収・納・秘・密・預　17・18ページ

1 ①収　②収(納)　③納　④納(収)
⑤秘　⑥密　⑦預　⑧預

2 ①しゅうしゅう　②ひきょう　③おさ
④あず　⑤きゅうしゅう　⑥ひみつ
⑦のうひん　⑧よちょきん　⑨おさ
⑩みつど

3 ①密林　②回収　③親密　④秘書
⑤預金　⑥収納　⑦秘・収　⑧精密
⑨預ける　⑩納める

9 優・貴・厳・敬・尊　19・20ページ

1 ①優　②貴　③厳　④厳　⑤敬　⑥敬
⑦尊　⑧尊

2 ①ゆうせん　②けいご　③きちょう
④たっと(とうと)　⑤うやま
⑥たっと(とうと)　⑦げんしゅ
⑧そんちょう　⑨きび　⑩ゆうせい

3 ①敬意　②尊　③敬老　④厳重
⑤貴族　⑥尊敬　⑦優勝　⑧厳格・敬
⑨厳しい　⑩尊い

10 覧・拡・宣・看・展　21・22ページ

1 ①覧　②覧　③拡　④宣　⑤宣　⑥看
⑦看　⑧展

2 ①かいらん　②かんぱ
③てんらんかい　④かんしゅ
⑤かくさん　⑥せんきょうし
⑦せんこく　⑧かくせいき　⑨らん
⑩せんせんふこく

3 ①看病　②宣　③拡大　④進展
⑤看護師　⑥回覧板　⑦拡張　⑧宣言
⑨観覧車　⑩宣伝・看板

11 確認《かくにん》テスト 2　23・24ページ

1 ①しゅうにゅう　②うらぐち
③ちゅうしゃ　④すいちょく
⑤みっせつ　⑥きび　⑦あず
⑧しんぴてき　⑨ききんぞく・てんじ
⑩ゆうしょうしゃ・いちらん

2 ①しきゅう　②いた　③けいい
④うやま

3 ①宣伝　②拡大　③片方　④収納
⑤優　⑥尊重　⑦尊い　⑧垂らす
⑨厳禁・看板　⑩敬老・預金

4 ①収　②納　③射　④入

3 てびき
②「拡」を「広」と書かないように注意。
⑦「尊い」は「たっとい」とも読みます。
⑧「垂」の字の形に注意しましょう。
⑩「預」の左側は「予」です。

4 ①成功や勝利には「収める」を使います。

12 難・痛・困・傷・危　25・26ページ

1 ①難　②難　③痛　④痛　⑤困　⑥傷
⑦危　⑧危

2 ①こま　②きき　③きずぐすり
④なんかい　⑤かんしょうてき
⑥いた　⑦あぶ　⑧むずか　⑨こんく
⑩ずつう

3 ①難問 ②困 ③負傷 ④災難 ⑤苦痛 ⑥困難 ⑦危険 ⑧傷口・痛 ⑨危ない ⑩難しい

13 専・装・敵・将・揮 27・28ページ

1 ①専 ②装 ③装 ④敵 ⑤敵 ⑥将 ⑦将 ⑧揮

2 ①しゅしょう ②ふくそう ③はっき ④せんぞく ⑤しょうぐん ⑥ほうそう ⑦せんもん ⑧てんてき ⑨きはつゆ ⑩むてき

3 ①指揮 ②将来 ③装備 ④専念 ⑤強敵 ⑥大将 ⑦敵対 ⑧変装 ⑨武将 ⑩専用・装置

14 簡・激・盛・暖・奮 29・30ページ

1 ①簡 ②激 ③激 ④盛 ⑤暖 ⑥暖 ⑦奮 ⑧奮

2 ①あたた ②かんけつ ③かんだん ④かげき ⑤ふる ⑥おおも ⑦はげ ⑧あたた ⑨ふんき ⑩げきぞう

3 ①温暖 ②奮 ③暖 ④盛 ⑤激戦 ⑥簡単 ⑦目盛 ⑧感激・興奮 ⑨暖かい ⑩激しい

15 域・訪・諸・郷・盟 31・32ページ

1 ①域 ②域 ③訪 ④訪 ⑤諸 ⑥郷 ⑦盟 ⑧盟

2 ①しょせつ ②らいほう ③かめい ④りゅういき ⑤ききょう ⑥くいき ⑦たず ⑧きょうり ⑨めいやく ⑩しょじょうけん

3 ①連盟 ②諸国 ③故郷 ④諸島 ⑤訪問・地域 ⑥諸問題 ⑦領域 ⑧郷土 ⑨同盟 ⑩訪ねる

16 確認《かくにん》テスト 3 33・34ページ

1 ①むずか ②かんげき ③も ④おんだんか ⑤つうかい ⑥こきょう ⑦たず ⑧あたた ⑨きょうてき・こま ⑩きけん・ひなん

2 ①けいしょう ②きずぐち ③ふる ④こうふん

3 ①痛 ②加盟 ③発揮 ④訪問 ⑤激 ⑥諸国 ⑦包装 ⑧危ない ⑨暖かい・地域 ⑩将来・専門家

4 ①困 ②因 ③間 ④簡

てびき

1 ⑦「訪ねる」とは「訪問する」という意味。

3 ①「痛い」の部首は「疒」(やまいだれ)です。「广」(まだれ)との形のちがいに注意。

④「訪問」を「訪門」と書かないように注意。

⑧「危」の字の形に注意しましょう。

⑩「専門家」を「専問家」と書かないように注意。

4 ①・②「くにがまえ」の中の形に注意しましょう。

17 除・承・忘・障・操 35・36ページ

1 ①除 ②除 ③承 ④忘 ⑤障 ⑥障 ⑦操 ⑧操

2 ①わす ②しょうふく ③じょがい ④しょうじがみ ⑤しょうち ⑥しょう ⑦のぞ ⑧こしょう ⑨じょせつ ⑩せっそう

3 ①操作 ②除去 ③保障 ④体操 ⑤除草 ⑥操 ⑦支障 ⑧伝承 ⑨障害・除 ⑩忘れる

18 株・値・銭・賃・済 37・38ページ

1 ①株 ②値 ③値 ④銭 ⑤賃 ⑥済 ⑦済 ⑧済

2 ①す ②せん ③かぶわ ④やちん ⑤ね ⑥きゅうさい ⑦すうち ⑧けいざい ⑨ねう ⑩きんせん

3 ①価値 ②賃金 ③値札 ④株式 ⑤電車賃 ⑥返済 ⑦株 ⑧銭湯

⑨運賃・値上　⑩済ます

19 映・券・劇・幕・俳　39・40ページ

1 ①映　②映　③映　④券　⑤劇　⑥幕　⑦幕　⑧俳

2 ①うつ　②はいじん　③じだいげき　④えいぞう　⑤げきだん　⑥かいまく　⑦けん　⑧はいゆう　⑨ばくまつ　⑩にゅうじょうけん

3 ①乗車券　②幕　③映　④俳句　⑤演劇　⑥定期券　⑦幕府　⑧悲劇　⑨映画・字幕　⑩映す

20 善・恩・仁・忠・孝　41・42ページ

1 ①善　②善　③善　④恩　⑤仁　⑥忠　⑦忠　⑧孝

2 ①ぜんあく　②ちゅうけん　③おんぎ　④じんぎ　⑤よ　⑥おやふこう　⑦おんがえ　⑧じんじゅつ　⑨しんぜん　⑩ちゅうこう

3 ①仁愛　②忠実　③改善　④忠臣　⑤善意　⑥恩人　⑦善　⑧孝行　⑨恩師・忠告　⑩善い（良い）

21 確認《かくにん》テスト4　43・44ページ

1 ①かぶ　②かいぜん　③ねふだ　④ちゅうせい　⑤かち　⑥じんあい　⑦ちんあ　⑧じょきょ　⑨こしょう・そうさ　⑩はいゆう・おんし

2 ①す　②へんさい　③かいまく　④ばくふ

3 ①値打　②金銭　③食券　④伝承　⑤忘　⑥経済　⑦運賃　⑧除く　⑨忠実・映像　⑩劇・親孝行

4 ①映　②写　③良　④善

てびき

2 ③・④「マク」と「バク」の読み分けに注意。

3 ⑥「済」の右下の横画は二本です。数を

まちがえないようにしましょう。

4 ⑦「賃」の部首は「貝」(かい・こがい)です。
①・②映像としてうつすときは「映す」、写真のようにまねてうつすときは「写す」と書きます。

22 干・砂・沿・潮・蒸　45・46ページ

1 ①干　②砂　③砂　④沿　⑤沿　⑥干潮　⑦潮　⑧蒸

2 ①すな　②えんどう　③さいこうちょう　④えんかい　⑤しお　⑥さ　⑦うめぼ　⑧こくどうぞ　⑨じょうはつ　⑩かん

3 ①干潮　②沿線　③潮風　④砂場　⑤蒸気　⑥干害　⑦砂鉄　⑧沿岸・潮　⑨干す　⑩沿う

23 担・勤・従・就・机　47・48ページ

1 ①担　②勤　③勤　④従　⑤従　⑥従　⑦就　⑧机

2 ①しゅっきん　②したが　③しゅうがく　④ふたん　⑤つと　⑥たんとう　⑦じゅうらい　⑧きんべん　⑨しゅうぎょう　⑩がくしゅうづくえ

3 ①分担　②勤務　③従順　④通勤　⑤就任　⑥従業員　⑦就職　⑧担任・机　⑨勤める　⑩従う

24 頂・泉・処・源・穴　49・50ページ

1 ①頂　②頂　③泉　④泉　⑤処　⑥源　⑦源　⑧穴

2 ①いただき　②あな　③いずみ　④しょち　⑤ちょうじょう　⑥げんせん　⑦たいしょ　⑧みなもと　⑨いただ　⑩こうせん

3 ①資源　②処分　③横穴　④源　⑤泉　⑥頂　⑦電源　⑧山頂・温泉　⑨処理　⑩頂く

25 供・宝・聖・宗・拝 51・52ページ

1 ①供 ②供 ③宝 ④宝 ⑤聖 ⑥宗 ⑦拝 ⑧拝

2 ①おが ②せいしょ ③そな ④たからさが ⑤とも ⑥はいけん ⑦しゅう ⑧きょうきゅう ⑨しんせい ⑩ざいほう

3 ①子供 ②聖火 ③宝石 ④拝借 ⑤提供 ⑥参拝 ⑦宝物 ⑧宗教・聖地 ⑨供える ⑩拝む

26 確認《かくにん》テスト 5 53・54ページ

1 ①さてつ ②あな ③じゅうぎょういん ④じょうりゅうすい ⑤しゅうしょく ⑥みなもと ⑦かいしゅう ⑧つくえ ⑨さんちょう・さんぱい ⑩こくほう・えんせん

2 ①おやしお ②かんちょう ③こども ④ていきょう

3 ①沿 ②拝 ③聖者 ④干 ⑤水源 ⑥勤務 ⑦対処法 ⑧頂く ⑨砂地・泉 ⑩担任・従う

4 ①勤・②務 ③備 ④供

てびき

1 ⑨「拝」の読みは、上の漢字との結びつきで「ぱい」と音が変わることに注意します。

3 ②「拝」の右側の横画は四本です。

4 ①・②勤務するときは「勤める」、任務を引き受けるときは「務める」と書きます。

27 枚・巻・筋・層・乱 55・56ページ

1 ①枚 ②巻 ③巻 ④筋 ⑤筋 ⑥層 ⑦乱 ⑧乱

2 ①すじみち ②みだ ③じょうかん ④きゃくそう ⑤ま ⑥こうそう ⑦まいすう ⑧らんぼう ⑨きんりょく ⑩まき

3 ①地層 ②鉄筋 ③巻末 ④層 ⑤巻紙 ⑥筋肉 ⑦混乱 ⑧筋 ⑨一枚・巻 ⑩乱れる

28 宅・段・蔵・窓 57・58ページ

1 ①宅 ②宅 ③段 ④段 ⑤蔵 ⑥蔵 ⑦窓 ⑧窓

2 ①ひぞう ②たくはいびん ③だんかい ④じぞう ⑤きたく ⑥ねだん ⑦しゃそう ⑧しゅだん ⑨ざいたく ⑩ぞうしょ

3 ①自宅 ②貯蔵 ③窓口 ④階段 ⑤出窓 ⑥同窓会 ⑦段落 ⑧社宅 ⑨冷蔵庫 ⑩天窓・住宅

29 私・我・姿・己 59・60ページ

1 ①私 ②私 ③私 ④我 ⑤姿 ⑥姿 ⑦姿 ⑧己

2 ①しりつ(わたくしりつ) ②すがた ③わたし(わたくし) ④ようし ⑤してつ ⑥われわれ ⑦こうし ⑧すがたみ ⑨わたくしごと(しじ) ⑩りこてき

3 ①我 ②私服 ③自己 ④私用 ⑤姿勢 ⑥私 ⑦和服姿 ⑧私語 ⑨我 ⑩私・姿

30 異・論・討・批・班 61・62ページ

1 ①異 ②異 ③異 ④論 ⑤論 ⑥討 ⑦批 ⑧班

2 ①こと ②ぎろん ③ひひょう ④きゅうごはん ⑤とうぎ ⑥ろんそう ⑦いじょう ⑧はんいん ⑨ろんり ⑩いくどうおん

3 ①反論 ②異変 ③班長 ④論文 ⑤検討 ⑥異 ⑦批判 ⑧結論 ⑨異議 ⑩班・討論

31 確認《かくにん》テスト 6　63・64ページ

1 ①すじ ②きゃくそう ③しせい
④じこ ⑤いちまい ⑥しふく
⑦こと ⑧みだ
⑨われわれ・けんとう
⑩わたくし(わたし)・ざいたく

2 ①かんまつ ②まきがみ ③まどぐち
④しゃそう

3 ①私 ②筋 ③高層 ④姿 ⑤班
⑥巻 ⑦段階 ⑧乱す ⑨自宅・貯蔵
⑩異常・混乱

4 ①論 ②輪 ③批 ④比

てびき
3 ⑥「巻」の下の部分は「己」です。「巳」などと書かないように注意しましょう。
⑦「段」の字の形に注意しましょう。
⑩「異常」を「異状」と書かないように注意。
4 ①・②右側の「侖」の最後に書く横画は、左右につき出さないことに注意。

32 並・縮・縦・寸・尺　65・66ページ

1 ①並 ②並 ③縮 ④縮 ⑤縦 ⑥縦
⑦寸 ⑧尺

2 ①なら ②すんぜん ③そうじゅう
④ちぢ ⑤たてが ⑥たんしゅく
⑦なら ⑧しゃくはち
⑨しゅうしゅく ⑩なみ

3 ①縦断 ②並木 ③縮尺 ④一寸
⑤尺 ⑥縦横 ⑦縮小 ⑧縦・寸法
⑨並べる ⑩縮める

33 暮・刻・延・翌・晩　67・68ページ

1 ①暮 ②暮 ③刻 ④刻 ⑤延 ⑥延
⑦翌 ⑧晩

2 ①の ②よくあさ(よくちょう)
③こきざ ④えんき ⑤こんばん
⑥じこく ⑦く ⑧よくげつ
⑨いっこく ⑩の

34 熟・樹・系・宇・宙　69・70ページ

3 ①朝晩 ②延長 ③深刻 ④翌年
⑤刻 ⑥晩 ⑦暮 ⑧翌日・夕刻
⑨暮れる ⑩延びる

1 ①熟 ②熟 ③樹 ④樹 ⑤系 ⑥系
⑦宇宙 ⑧宙

2 ①じゅりん ②じゅく ③かじゅえん
④けいとう ⑤みじゅく
⑥うちゅうせん ⑦じゅくれん
⑧らくようじゅ ⑨ちゅう
⑩せいたいけい

3 ①系列 ②宙返 ③樹木 ④系図
⑤街路樹 ⑥半熟 ⑦銀河系 ⑧樹立
⑨熟語 ⑩宇宙・体系

35 策・派・党・衆・閣　71・72ページ

1 ①策 ②策 ③派 ④党 ⑤衆 ⑥衆
⑦閣 ⑧閣

2 ①かんしゅう ②さくりゃく
③てんしゅかく ④ぐんしゅう
⑤とうしゅ ⑥はせい ⑦にゅうとう
⑧かいけつさく ⑨かくぎ
⑩はしゅつじょ

3 ①対策 ②立派 ③民衆 ④散策
⑤政党 ⑥流派 ⑦悪党 ⑧仏閣
⑨衆議院 ⑩内閣・政策

36 確認《かくにん》テスト 7　73・74ページ

1 ①ちぢ ②せいさく ③うちゅうじん
④なみきみち ⑤とういん
⑥しゃくど ⑦げんすんだい ⑧きざ
⑨じゅもく・く
⑩よくじつ・じゅくご

2 ①えんちょう ②の ③じゅうれつ
④たて

3 ①夕暮 ②落葉樹 ③圧縮 ④時刻
⑤晩年 ⑥内閣 ⑦方策 ⑧縮む
⑨銀河系・宇宙 ⑩立派・並べる

4 ①衆　②宗　③討　④党

てびき

1 ⑦「原寸大」とは「実物と同じ寸法」という意味です。

3 ①「暮」の下の部分は「日」です。

⑦「方策」を「方作」と書かないように注意します。

⑨「系」の字の形に注意しましょう。

4 ①「衆」の字の形に注意しましょう。

37 模・染・革・絹・蚕　75・76ページ

1 ①模　②模　③染　④染　⑤革　⑥絹

⑦蚕　⑧蚕

2 ①かいこ　②きぬ　③そ　④かくめい

⑤ようさんぎょう　⑥だいきぼ

⑦もぞう　⑧きぬおりもの　⑨もよう

⑩ひかく

3 ①模写　②改革　③蚕　④模型

⑤変革　⑥規模　⑦養蚕　⑧絹糸・染

⑨革新　⑩染まる

38 閉・郵・警・庁・署　77・78ページ

1 ①閉　②閉　③閉　④郵　⑤警　⑥警

⑦庁　⑧署

2 ①ゆうそう　②しょめい　③し

④けんちょう　⑤ゆうびんきょく

⑥と　⑦ぜいむしょ　⑧けいこく

⑨かいへい　⑩けいび

3 ①郵便　②官庁　③閉館　④警報

⑤庁　⑥消防署　⑦警官　⑧閉店

⑨警察・庁舎　⑩閉める

39 権・律・遺・裁・憲　79・80ページ

1 ①権　②権　③律　④遺　⑤遺　⑥裁

⑦裁　⑧憲

2 ①どくさい　②けんり　③いしつぶつ

④けんしょう　⑤さいだん

⑥じっけん　⑦いでん　⑧さば

⑨けん　⑩きりつ

3 ①一律　②人権　③遺書　④洋裁

⑤遺産　⑥憲法・法律　⑦権力

⑧裁判所　⑨特権　⑩裁く

40 胃・腸・舌・背・骨　81・82ページ

1 ①胃　②胃腸　③腸　④舌　⑤背

⑥背　⑦骨　⑧骨

2 ①した　②いちょうやく　③はいご

④ほねぐ　⑤にまいじた　⑥い

⑦せびろ　⑧したう

⑨せすじ(はいきん)

⑩はんこつせいしん

3 ①背景　②胃腸　③骨折　④舌

⑤背比　⑥胃液　⑦背中・骨

⑧大腸　⑨背負　⑩鉄骨

41 確認《かくにん》テスト 8　83・84ページ

1 ①と　②いえき　③かいかく

④ほねぐ　⑤きぬいと　⑥した

⑦りっけん　⑧けいこく

⑨ほうりつ・さば　⑩いさく・けん

2 ①きぼ　②もけい　③せお

④せいくら

3 ①空模様　②遺産　③蚕　④骨折

⑤胃腸薬　⑥権利　⑦裁判所

⑧染める　⑨絹・郵送

⑩県庁・閉まる

4 ①閉　②開　③暑　④署

てびき

1 ①「閉」には「閉じる」と「閉まる」という訓読みがあるので、送りがなに注意。

⑥「舌を巻く」とは「非常にすぐれていておどろく」という意味です。

2 ④「背」を「せい」と読む言葉には、他に「上背《うわぜい》」などがあります。

3 ⑦「裁」の字の形に注意しましょう。

⑨「郵」の字の形に注意しましょう。

4 ③・④上の部分が「日」か「罒」かというちがいです。

42 認・欲・疑・否・誤　85・86ページ

1 ①認 ②欲 ③欲 ④疑 ⑤疑 ⑥否 ⑦誤 ⑧誤

2 ①みと ②よくぼう ③ごじ ④よくば ⑤ひけつ ⑥ごよう ⑦うたが ⑧あやま ⑨あんぴ ⑩はんしんはんぎ

3 ①意欲 ②誤解 ③疑問 ④食欲 ⑤合否 ⑥質疑 ⑦誤差 ⑧疑・否定 ⑨誤る ⑩認める

43 著・訳・誌・創・冊　87・88ページ

1 ①著 ②訳 ③訳 ④訳 ⑤誌 ⑥創 ⑦創 ⑧冊

2 ①さっし ②ちょめい ③しめん ④どくそうてき ⑤わけ ⑥ちょしゃ ⑦そうぞう ⑧しゅうかんし ⑨つく ⑩つうやく

3 ①雑誌 ②創作 ③著書 ④一冊 ⑤創立 ⑥訳 ⑦日誌 ⑧別冊 ⑨名著・訳 ⑩創る

44 針・棒・磁・鋼・灰　89・90ページ

1 ①針 ②針 ③針 ④棒 ⑤棒 ⑥磁 ⑦鋼 ⑧灰

2 ①びょうしん ②はいざら ③じき ④しんようじゅ ⑤ぼうせん ⑥ばり ⑦てっこう ⑧じりょく ⑨かなぼう ⑩かざんばい

3 ①鉄棒 ②灰 ③磁石 ④針金 ⑤灰色 ⑥方針 ⑦鋼材 ⑧短針 ⑨磁器 ⑩鋼鉄・棒

45 誕・幼・若・存・亡　91・92ページ

1 ①誕 ②幼 ③幼 ④若 ⑤若 ⑥存 ⑦存 ⑧亡

2 ①わかがえ ②おさな ③せいたん ④ぞんぶん ⑤ぼうめい ⑥おさなご ⑦そんぞく ⑧わかて ⑨ようしょう ⑩こうぼう

3 ①死亡 ②存在 ③若葉 ④幼 ⑤保存 ⑥幼虫・誕生 ⑦存亡 ⑧若者 ⑨幼い ⑩若い

46 確認《かくにん》テスト 9　93・94ページ

1 ①じしゃく ②そんざい ③ぎもん ④わかば ⑤ひてい ⑥しぼう ⑦たんじょうび ⑧つく ⑨にっし・ごじ ⑩ちょしゃ・みと

2 ①おさな ②ようじ ③ほうしん ④はりがね

3 ①著作 ②灰 ③否決 ④誤 ⑤通訳 ⑥保存 ⑦認める ⑧疑う ⑨意欲的・創作 ⑩冊数・棒

4 ①紙 ②誌 ③鉱 ④鋼

てびき

1 ②「存」には「ソン」と「ゾン」という音読みがあるので、注意しましょう。

3 ④「誤」の字の形に注意しましょう。
⑧「疑う」の送りがなに注意しましょう。
⑩「冊」の最後に書く横画は、左右につき出します。

4 ②雑誌のように、冊子になっているものには「誌」を使います。

47 乳・卵・糖・俵・穀　95・96ページ

1 ①乳 ②乳 ③卵 ④卵 ⑤糖 ⑥俵 ⑦俵 ⑧穀

2 ①どひょう ②ちち ③ざっこく ④にゅうし ⑤とうぶん ⑥にゅうじ ⑦なまたまご ⑧すみだわら ⑨べいこく ⑩ぼにゅう

3 ①卵 ②砂糖 ③穀倉 ④牛乳 ⑤一俵 ⑥穀類 ⑦乳製品 ⑧糖 ⑨乳 ⑩穀物・俵

48 腹・脳・胸・臓・肺 97・98ページ

1 ①腹 ②腹 ③腹 ④脳 ⑤胸 ⑥胸
⑦臓 ⑧肺

2 ①しんぞう ②のうてん
③きょうちゅう ④ちゅうふく
⑤きょうぶ ⑥はいかつりょう
⑦ふくつう ⑧みぎむね ⑨はらま
⑩しゅのう

3 ①胸 ②腹 ③内臓 ④頭脳 ⑤度胸
⑥空腹 ⑦胸囲 ⑧大脳 ⑨肺
⑩腹部・臓器

49 奏・詞・皇・后・陛 99・100ページ

1 ①奏 ②奏 ③詞 ④詞 ⑤皇 ⑥皇
⑦皇后 ⑧陛

2 ①どうし ②こうぞく ③がっそう
④こうごう ⑤ひんし ⑥こうたいし
⑦きょうそうきょく
⑧おうじ(こうし) ⑨へいか
⑩てんのう

3 ①両陛下 ②皇室 ③形容詞 ④皇后
⑤独奏 ⑥皇女 ⑦歌詞 ⑧法皇
⑨作詞 ⑩皇居・演奏

50 確認《かくにん》テスト 10 101・102ページ

1 ①さくし ②さとう ③どきょう
④だいのう ⑤はい ⑥たまご
⑦こくもつ ⑧こうごう
⑨こうきょ・えんそうかい
⑩どひょう・しんぞう

2 ①ぎゅうにゅう ②ちち ③ふくぶ
④はら

3 ①合奏 ②胸中 ③米俵 ④生卵
⑤肺活量 ⑥母乳 ⑦天皇陛下
⑧穀倉地帯 ⑨歌詞・胸
⑩糖分・空腹

4 ①能 ②脳 ③蔵 ④臓

てびき

1 ③「度胸」とは「物事をおそれない精神力」という意味です。

3 ④「卵」は、筆順にも注意。左右の「、」は三画目と六画目に書きます。

⑧「穀」の字の形に注意しましょう。

⑩「糖」の字の形に注意しましょう。

4 ①・②「能」は「成しとげる力」、「脳」は頭の中の「頭脳」を意味します。

51 仕上げのテスト 1 103・104ページ

1 ①ぼうじしゃく ②いぎょう
③こうごうへいか ④しゃたく
⑤せいじん ⑥ふこう ⑦たいけい
⑧うたが

2 ①源 ②痛感 ③一尺 ④拝読
⑤密林 ⑥階層 ⑦並

3 ①奮う ②割れる ③刻む
④済ます

4 ①宀 ②扌 ③言

5 ①当 ②等 ③糖 ④写 ⑤映
⑥移 ⑦修 ⑧納 ⑨収

てびき

1 ②「遺業」とは「なくなった人が残していった事業」という意味です。

⑥「不孝」とは「親や人を大切にしないこと」という意味で、「不幸」とはちがうことに注意します。

2 ④「拝読(する)」とは「読む」という意味のけんじょう語です。

4 ①「宝・宙・宗」、②「拡・批・揮」、③「訪・諸・誌」の漢字ができます。

5 ①は「しばらくの間」、②は「同じ分量」、③は「砂糖などの成分」の意味を表す言葉です。

⑦は「修学」、⑧は「納税」、⑨は「収容」など、同じような意味を表す熟語をヒントに考えます。

52 仕上げのテスト 2 105・106ページ

1 ①きょうい ②ひだりむね ③ふしょう ④きずぐち ⑤すがた ⑥しせい ⑦きんにく ⑧くびすじ

2 ①乱 ②頂 ③補 ④危 ⑤誕 ⑥誠

3 ①敬・警 ②亡・忘 ③蔵・臓

4 ①3 ②10 ③6 ④14

5 ①裏 ②善 ③臨(一) ④箇 ⑤閉める ⑥難しい

てびき

2 ①「暴れる」のように、漢字を訓読みして、それに似た意味の漢字を考えましょう。

③「付け足す」「補う」という似た意味があります。

4 ②三・四画目は一画ずつ書くことに注意します。

③五画目は一気に書きます。

5 ①～④も、⑤・⑥のように文にして考えるとわかりやすくなります。

53 仕上げのテスト 3 107・108ページ

1 ①著・ちょじゅつぎょう ②幕・まくあ ③巻・かんまつ ④専・せんよう

2 ①沿 ②従 ③裁 ④延 ⑤除

3 激しい・樹木・看板・洗う

4 ①創造 ②想像 ③見当 ④検討

5 ①存 ②展 ③模 ④盟 ⑤以上 ⑥異常 ⑦保障 ⑧保証

てびき

2 ②「従来」とは「以前から今まで」という意味です。

4 ①・②「創造」は「新しいものをつくりだすこと」、「想像」は「経験していないことや実際にないものを思いえがくこと」という意味です。

⑤・⑥他にも「異状」(ふだんとちがった状態)などの同じ読み方をする言葉があります。

⑦・⑧「保障」は「ある状態がそこなわれないように守ること」、「保証」は「まちがいがないと認め、責任をもつこと」という意味です。

5 ①の「存」や③の「模」は、熟語によって読み方も変わるので、注意しましょう。

54 仕上げのテスト 4 109・110ページ

1 ①ふたん・エ ②せんねん・イ ③ねだん・ウ ④うちわけ・オ ⑤りっぱ・ア

2 ①供える ②備える ③下ろす ④降ろす ⑤務める ⑥勤める ⑦努める ⑧暖かい ⑨温かい

3 ①胃腸 ②恩情 ③温泉 ④早晩 ⑤推挙 ⑥視覚(順不同)

4 ①6 ②12 ③7 ④8

5 ①干 ②呼 ③捨 ④縦 ⑤私 ⑥退

てびき

1 それぞれ、似た意味の言葉を覚えておきましょう。

2 ③・④上から下へ移動させるときは「下ろす」、乗り物などから外へ出すときは「降ろす」を使います。

⑧・⑨気温がほどよいときは「暖かい」、思いやりの心があるときは「温かい」を使います。

3 「胃腸」は肉を表す部首、「恩情」は心を表す部首、「温泉」は水を表す部首、「早晩」は日を表す部首、「推挙」は手を表す部首、「視覚」は見ることを表す部首をもつ漢字の組み合わせです。

4 ④「血」の下は真ん中から書きます。

5 ①「満潮」「干潮」などの言葉をヒントに考えます。

②「呼」には「息をはく」という意味があります。

⑤「公」(おおやけ)の反対は「私」(わたくし)です。

9 8 7 6 5 4
D C B A

【イラスト】 artbox, ユニックス